Rabelais e Joyce
Três Leituras Menipéias

Estudos Literários 25

Élide Valarini Oliver

Rabelais e Joyce
Três Leituras Menipéias

Dados Internacionais de Catalogação na Publicação (CIP)
(Câmara Brasileira do Livro, SP, Brasil)

Oliver, Élide Valarini
Rabelais e Joyce: três leituras menipéias /
Élide Valarini Oliver. – São Paulo:
Ateliê Editorial, 2008.

ISBN 978-85-7480-313-5
Bibliografia.

1. Joyce, James, 1882-1941 – Crítica e
interpretação 2. Rabelais, François, ca. 1490-1553? –
Crítica e interpretação I. Título.

08-00949 CDD-809

Índices para catálogo sistemático:

1. Literatura comparada: Francesa e inglesa
809
2. Literatura comparada: Inglesa e francesa
809

Direitos reservados à
ATELIÊ EDITORIAL
Estrada da Aldeia de Carapicuíba, 897
06709-300 – Granja Viana – Cotia – SP
Telefax: (11) 4612-9666
www.atelie.com.br / atelie@atelie.com.br
2008

Printed in Brazil
Foi feito depósito legal

Sumário

Agradecimentos 9

Introdução 15

Sátira menipéia 19

Elementos da sátira menipéia 24

PRIMEIRA LEITURA

1. O Mundo das Imagens 31

A dança da imagem grotesca 31

A imagem-iluminura 37

A imagem do avesso 55

A imagem-deformação 63

A imagem literal 67

O elo da anatomia 73

Os gigantes deformados 85

Joyce deforma Rabelais 89

Da desconfiança do habitual na linguagem 93

SEGUNDA LEITURA

2. O Mundo dos Movimentos 107

A amplificação do corpo. O micro e o macrocosmo 108

O humano natural e o cósmico 122

TERCEIRA LEITURA

3. Os Mundos do Mito e da História 145

Paródia e mito 153
Coincidência dos opostos e circularidade 157
A viagem e o mito 162
A paródia do mito 165
A recriação do mito 168
Modelos versus *moldes* 177
Jogos verbais 181
Jogos de palavras e hibridismo 189

Nota Conclusiva 193

Bibliografia 197

Agradecimentos

Em 1989, sob a direção de Philippe Willemart, da Universidade de São Paulo, defendi minha tese de doutorado, de título longo e acadêmico: *O Vôo de Dédalo e a Queda de Ícaro: Alguns Aspectos da Anatomia em Rabelais e Joyce*. Fiz duas tentativas de publicá-la mas os longos trechos tanto em francês quanto em inglês alienaram os possíveis editores. Deixei o Brasil para lecionar nos Estados Unidos e a tese foi ficando cada vez mais parte do passado até que recentemente, em conversa com Plinio Martins Filho da Ateliê Editorial, e estimulada pelo seu interesse em publicar este trabalho, resolvi rever o livro, depois de passados tantos anos, e acabei por reescrevê-lo completamente.

Revisei e aumentei o material preexistente e, embora as teses principais ainda me pareçam válidas, estas foram ampliadas e, espero, melhor argumentadas. É sempre difícil revisitar o que escrevemos no passado, mas, a despeito das insatisfações, o tempo traz também o alívio de colocarmos em perspectiva o que realizamos, tarefa libertadora porque não nos faz esquecer de nossas constantes falhas e limitações. Procurei tornar o texto legível livrando-o de jargões para manter a discussão mais ampla, pois acredito que o prazer da literatura deve ser compartilhado da forma mais generosa possível. Acrescentei nova bibliografia, embora o assunto de que trato aqui ainda não tenha despertado a atenção que merece na crítica recente de ambos os autores, o que apenas confirma algumas percepções que tive, anos atrás, indicando que os paradigmas ainda não mudaram. A crítica de ambos os autores, longe de ter estagnado, entretanto, adquiriu novos pontos de vista e continua em produção estável, evidenciando a importância desses autores para a literatura contemporânea. A crítica rabelaisiana, que já havia encontrado uma estabilidade em princípios do século XX com a *Revue des Études Rabelaisiennes*, mantém perspectivas consistentes, com trabalhos eruditos de qualidade e peso. Outra vantagem que Rabelais tem sobre Joyce é que, devido ao tempo e à distância, sua pessoa não está mais exposta ao anedotário ou à caça às bruxas. No caso de Joyce, passado o período de reverência, talvez extremada em colocá-lo como centro da literatura do século XX, um novo momento o sucedeu, em que não apenas os pressupostos anteriores foram revistos mas houve, como era de esperar, uma radicalização que procurou "desconstruir" não apenas a obra literária de Joyce mas também sua pessoa histórica. Nessa fase, os exageros cometidos circularam como más anedotas e, dentre algumas, o feminismo contribuiu, por exemplo, com sua tentativa de reescrever a história, atribuindo a Nora Joyce parte da responsabilidade pelo *Ulisses*[1]. Esse tipo de argumento é popular junto às camadas endoutrinadas e o mais recente exemplo é a postulação, na qual Lucia Joyce, a filha agora, torna-se co-autora do *Finnegans Wake*[2]. Com a ampliação dos departamentos de literatura, o campo, que antes se delimitava a uns poucos interessados, acabou incorporando um número cada vez maior de estudiosos, muitos dos quais não têm, como observou Frank Kermode, nenhum "apetite pela poesia", ou, ainda pior, pela própria literatura[3]; estudiosos para os quais a lite-

1. Brenda Maddox, *Nora: The Real Life of Molly Bloom*, Boston, Houghton Mifflin, 1988.
2. Carol Loeb Schloss, *Lucia Joyce: To Dance in the Wake*, New York, Farrar, Straus and Giroux, 2004.
3. Frank Kermode, *An Appetite for Poetry*, Cambridge, Harvard University Press,

ratura virou um mero "produto" ou pretexto para avançar agendas políticas. Apesar da politização da crítica anglo-saxã dos últimos vinte e cinco anos, no que Harold Bloom chama de "a escola do ressentimento"[4], Joyce (e a maioria dos autores ditos "canônicos") que sob a óptica dessas tendências passa de mestre da literatura a mero sintoma social, não diminuiu sua atração e na lista de bibliografias da MLA [Modern Languages Association] aparece em segundo lugar, depois de Shakespeare, em número de verbetes e citações bibliográficas[5]. É preciso também reconhecer que, a partir de 2003, cada vez mais os "teóricos" da literatura estão escrevendo livros tipo "confissões de um antigo teórico" e denunciando os mesmos pressupostos em que acreditavam há trinta, vinte ou dez anos atrás. Dentre os mais conhecidos estão Stephen Heath, Colin McCabe, Christopher Norris, Frank Lentricchia e Terry Eagleton. Lentricchia, por exemplo, ex-advogado da linha Foucault-pós-marxista, voltou a ler e estudar "os grandes livros de literatura", agora a portas fechadas e para alunos de graduação, já que considera os de pós-graduação perdidamente endoutrinados[6]. O caso de Colin McCabe é exemplar. Em 1981, McCabe, que havia escrito um livro sobre Joyce (*James Joyce and the Revolution of the Word*),

1989 [trad. bras., *Um Apetite pela Poesia*, São Paulo, Edusp, 1993]. Citando Valéry em epígrafe antes do prólogo: "Por falta de sorte, há gente sem grande apetite pela poesia – que não entende sua necessidade e que jamais a inventaria – e cujo trabalho ou destino é ter que julgá-la, falar sobre ela, estimular e cultivar o gosto por ela; em suma, distribuir o que não têm. Essa gente se aplica à tarefa com toda a inteligência e zelo que possuem – com conseqüências alarmantes".

4. Bloom usa o termo em várias obras, dentre as quais, *The Western Canon* (New York, Riverhead Books, 1994).
5. Para uma visão geral embora um tanto peculiar da questão de Joyce e os críticos joycianos, ver o capítulo "Joyce and the Joyceans" em Eloise Knowlton, *Joyce, Joyceans, and the Rhetoric of Citation*, Gainesville, University Press of Florida, 1998.
6. Ver seu artigo em *Língua Franca* (setembro/outubro de 1996) onde ele denuncia a "Teoria" como assassina do prazer da leitura e deplora os seus efeitos doutrinários em alunos de pós-graduação.

viu negada a sua efetivação na Universidade de Cambridge, pois seu livro havia sido influenciado pelo estruturalismo francês. A negação da efetivação criou uma divisão no departamento de inglês e marcou mais ou menos o início, na Inglaterra, das assim chamadas "guerras culturais". Entretanto, na reedição recente desse mesmo livro (Palgrave Macmillan, 2003), McCabe concede, na introdução, que seu livro era falho teoricamente e que era um exemplo de "paralisia ortodoxa trombeteada por burros quase idênticos aos que me mandaram embora de minha amada Cambridge".

Mesmo com toda a mudança climática das modas acadêmicas literárias, trabalhos críticos de nível sobre Joyce têm sido consistentemente escritos, lidos, divulgados e apreciados e agora, com os ânimos amainados, a reavaliação da obra joyciana pode ser feita com seriedade e sem exacerbações.

Em vista desse panorama, e visando a uma contribuição aos estudos joycianos que não seja meramente reverencial ou meramente política, a discussão dos temas que procurei apresentar busca ser útil para aqueles que se interessam por Joyce mas também mais amplamente pelo gênero da sátira e suas relações com as artes visuais e o grotesco em particular. Procurei ainda minimizar as referências abundantes e, quando possível, busquei traduções já existentes em língua portuguesa das referências críticas. Preferi, no entanto, traduzir eu mesma os textos originais de Joyce e de Rabelais, pois não seria possível discutir em nível detalhado os aspectos ali apresentados sem uma tradução tecnicamente fiel dos autores. As traduções aqui apresentadas, portanto, não visam primordialmente a um efeito estético mas, sim, técnico.

Gostaria de agradecer aqui a todos os que leram meu manuscrito em sua primeira encarnação, enquanto tese, e contribuíram com sugestões inestimáveis: Philippe Willemart, meu orientador na época, pelo apoio constante e inestimável amizade; João Alexandre Barbosa, a quem postumamente homenageio, e cuja lembrança mantenho viva; Haroldo de Campos,

Leyla Perrone-Moisés, Munira Mutran e Ney Branco de Miranda. Desnecessário dizer que cabe somente a mim a responsabilidade pelas deficiências do texto. Agradeço ainda a Luiz Costa Lima, o apoio e incentivo à publicação da segunda reencarnação do manuscrito e a Plinio Martins Filho a coragem sem hesitação em publicar meu texto.

Agradeço também à Fapesp a bolsa de doutoramento que me concedeu e sem a qual a primeira versão desse texto não teria sido escrita. Aos bibliotecários da Universidade Yale (Sterling Memorial) e da Universidade da Califórnia, Santa Barbara, a boa vontade. À equipe de produção da Ateliê Editorial pelo cuidado e atenção dedicados a este trabalho.

Last but not least, em 1989, dediquei minha tese a meu tio Renato Zema, intelectual enrustido e bom bebedor que me apresentou, de pequena, à literatura de língua inglesa, e me presenteou com a primeira edição em português do *Ulisses*, na tradução de Antonio Houaiss, prefaciando o presente com as seguintes palavras: "Lelinha, este é o maior escritor do século XX!" Conservo a homenagem, agora póstuma.

Estendo a dedicatória a Mac Oliver, Alexandre, Adèle, Olívio, Renise, Uriel e Olívio Jr.: *Fays ce que voudras!*

Introdução

Belo é o diverso reduzido à unidade.
TOMÁS DE AQUINO

A idéia de reunir Rabelais e Joyce nasceu de uma palavra: curiosidade.

Curiosidade suscitada pelas imagens das leituras desses autores, fragmentos que foram ficando com o passar do tempo, fiapos de figuras, elementos que foram se ligando aqui e ali, associados, a princípio, como mera "coincidência", espaço sendo preenchido pouco a pouco com tímidas indagações. De tudo isso, através da simples curiosidade o desejo de ir mais além.

O fio de possibilidades foi se formando na medida em que, seguidamente, uma quantidade considerável de ensaios sobre Joyce acabava citando uma vez ou outra o nome de Rabelais. Por outro lado, a crítica recente deste se referia, aqui e ali, à presença de Joyce:

Joyce may stretch language inordinately both in lexis and prosodic organization but he can point to great prototypes – Rabelais, Sterne, Swift, Milton, Shakespeare himself...

[Joyce pode estender a língua extraordinariamente, tanto no léxico quanto na organização prosódica, mas ele tem grandes precedentes – Rabelais, Sterne, Swift, Milton, o próprio Shakespeare] (Anthony Burgess, *Joysprick*, p. 26).

Notons, d'ailleurs, que l'extrême liberté de ce lexique s'accompagne d'une extreme rigueur de la syntaxe. E. Huguet s'en étonnait déjà dans son étude sur la syntaxe de Rabelais, Paris, 1894. La même et curieuse disparité s'observera chez Joyce.

[Notemos, aliás, que a extrema liberdade para com o léxico é acompanhada de um extremo rigor de sintaxe. E. Huguet já se espantava em seu estudo da sintaxe de Rabelais, Paris, 1894. A mesma curiosa disparidade se observará em Joyce] (Jean Paris, *Rabelais au Futur*, p. 61).

Joyce accumulates a Rabelaisian catalogue of epithets.

[Joyce acumula um catálogo rabelaisiano de epítetos] (Harry Levin, *James Joyce: A Critical Introduction*, p. 194).

Une sorte d'assomption de la matière s'accomplit chez Rabelais lorsqu'il a compris qu'on peut parler avec des sons, suggérer um sens à partir de la chair des mots. Il faudra attendre Hugo, Joyce, Valéry pour retrouver cela.

[Ocorre em Rabelais um tipo de elevação da matéria, quando ele acaba por entender que se pode falar com sons, sugerir um sentido a partir da carne das palavras. Será necessário esperar por Hugo, Joyce, Valéry para reencontrar isso] (Manuel de Diéguez, *Rabelais*, p. 126).

Il [Joyce] aurait bien disposé l'esprit scolastique d'Ulysse mais à travers une Renaissance par excès, s'inspirant des intempérances salutaires de Rabelais...

[Ele (Joyce) expôs o espírito escolástico em Ulysses, mas através de uma Renascença excessiva, se inspirando nas intemperanças salutares de Rabelais] (Umberto Eco, *L'Oeuvre ouverte*, p. 284).

Readers of both Joyce and Rabelais who catch the alliteration and enjoy the pleasure of sounds and polysyllables being embedded in new contexts are caught up in the ebullience and form-creating energy they both exhibit.

[Os leitores tanto de Joyce quanto de Rabelais, que captam a aliteração e apreciam o prazer dos sons e polissílabos que se encadeiam em novos contextos, acabam ficando presos na ebulição e energia da criação de formas que ambos exibem] (Dorothy G. Coleman, *Rabelais. A Critical Study in Prose Fiction*, p. 207).

Valéry Larbaud, pelo que se sabe, foi o primeiro a comparar Joyce e Rabelais, depois de terminada a leitura de *Ulysses*.

Com a publicação posterior do *Finnegans Wake*, os elementos de exuberância verbal que unem Rabelais a Joyce sofreram um incremento tanto quantitativo como qualitativo.

Contudo, as observações dos críticos, tais como as reproduzidas acima, nunca ofereceram uma abordagem sistemática. São referências indiretas e heterogêneas que não vão além. Não nos oferecem um ponto comum. Por mais desanimador que isso nos parecesse, de início, inspirados em Pound – ao dizer que

> Pouco importa, no mundo contemporâneo, por onde se inicia o exame de um assunto, desde que se persista até voltar outra vez ao ponto de partida. Digamos que você comece com uma esfera ou um cubo; você deve continuar até que os tenha visto, de todos os lados. Ou se você pensar no seu assunto como uma banqueta ou uma mesa, você deve persistir até que ela tenha três pernas e fique de pé ou tenha quatro pernas e deixe de balançar com facilidade[1]

– resolvemos arriscar o elo, animados pela intuição de uma estranha "continuidade" entre Rabelais e Joyce. Northrop Frye, ao mapear a tradição da sátira menipéia, coloca Rabelais e Joyce ao lado de Burton, Swift e Sterne, entre outros[2]. Foi aí que começamos a desenvolver uma leitura de Rabelais e Joyce que, a despeito dos contextos sociais, culturais e históricos diferirem, buscou uma relação onde uma continuidade de processos pudesse ser detectada. Como bem observa Paul Ricoeur,

> A identidade de estilo não é a identidade de uma estrutura lógica acrônica; ela caracteriza o esquematismo da inteligência narrativa, tal como ele se constitui numa história cumulativa e sedimentada. É por isso que essa identidade é trans-histórica e não intemporal[3].

1. Ezra Pound, *ABC da Literatura*, São Paulo, Cultrix, 1973, p. 33.
2. Northrop Frye, *Anatomy of Criticism*, New Jersey, Princeton University Press, 1990, pp. 308-313.
3. Paul Ricoeur, *Temps et Récit 2. La Configuration dans le Récit de Fiction*, Paris, Seuil, 1984, p. 40.

E, no caso de Rabelais e Joyce, nem se trata de uma identidade de estilos, mas, antes, da continuidade trans-histórica de uma tradição, no sentido proposto por Borges quando escreve que cada autor funda e crias seus predecessores[4]. Continuidade não significa um mero repetir de fórmulas, de processos ou de atitudes, mas, sim, uma renovação dos paradigmas fundamentais que sustentam essa tradição e que não contribuem para a sua diluição. Nesse sentido, a palavra continuidade deve ser lida muito mais como sendo baseada numa ordem de similaridades e contigüidades onde os processos que a caracterizam são medidos por seu igual valor e onde os pesos são iguais.

Entre as vantagens dessa abordagem está a eliminação do risco da acronia lógica que faz *tabula rasa* tanto das diferenças de contextos históricos e culturais como também das individualidades artísticas e estilos pessoais. Fica inevitável, com esse proceder, o truísmo de que toda criação literária ou artística não se faz *ex nihilo*, porém, assim como se reconhece na cópia, no pastiche, na imitação e mesmo no plágio uma homenagem ao original, também se pode dizer que os processos de ordem literária, assim como os processos científicos – onde cada descoberta manifesta algo que já estava latente na ordem da natureza ao mesmo tempo em que se inscreve numa ordem científica que lhe precede – também fazem parte de uma ordem lógica inicial e se inserem nela. Assim é que a diferença entre um escritor "original" e outro "imitativo" consiste em que o primeiro se mostra, geralmente, mais profundamente "imitativo" no sentido de que se volta mais completamente para as origens da literatura[5].

T. S. Eliot, comentando sobre os procedimentos criativos do poeta, aponta que é mais provável que um bom escritor ou poeta furte do que imite. O furto consiste na transformação do

4. Jorge Luis Borges, "Kafka y Sus Precursores", *Otras Inquisiciones* (*Obras Completas*), Buenos Aires, Emecé, 1974, p. 711.
5. Ver a este respeito Frye, *op. cit.*, pp. 82, 83 *et passim.*

material anterior a tal ponto retrabalhado que as pistas claras são propositadamente ou inconscientemente apagadas[6].

Sátira menipéia

Há pouco introduzimos a proposição de Frye de que tanto Rabelais quanto Joyce fazem parte da mesma tradição de exuberância verbal que é própria da sátira menipéia. Se já não é fácil definir satisfatoriamente obras pertencentes a categorias com menos variantes como romances, novelas, estórias romanescas, crônicas ou mesmo "ficção", ainda menos se pode ficar satisfeito com a subcategoria da sátira menipéia, ou anatomia. Um dos resultados mais visíveis desse mal-estar é a dificuldade que se tem quando nos deparamos com essas formas pouco definidas ou delineadas. Na própria história da literatura existem exemplos onde o uso da sátira menipéia não foi identificado corretamente, levando os críticos – não necessariamente o público leitor em geral, que tende a aceitar melhor a forma – a várias reações, dentre as quais a condenação. Citando Frye:

> Um entendimento mais claro das formas e das tradições da Anatomia faria muitos elementos da história da literatura entrarem em foco [...] em quase todos os períodos da literatura, há muitas estórias romanescas, confissões e anatomias que são negligenciadas apenas porque as categorias que pertencem não são reconhecidas[7].

Não faz parte de nosso objetivo nesse pequeno estudo entrar em considerações demasiadas quanto a todas as características da sátira menipéia, tal como as enuncia Bakhtin em seu conhecido *A Poética de Dostoiévski*. Basta considerar que, ao separá-las, o autor incorre na falácia de dar a muitas delas uma

6. T. S. Eliot, "Philip Massinger", *The Sacred Wood and Major Early Essays*, New York, Dover, 1998, p. 72.
7. N. Frye, *Anatomia da Crítica*, São Paulo, Cultrix, 1973, p. 306. Estamos usando essa obra tanto no original em inglês quanto em sua tradução.

falsa autonomia que não têm. Entretanto, *grosso modo*, pode-se dizer que a sátira menipéia deve seu nome a Menipo. Varrão escreveu sátiras menipéias das quais só nos restam fragmentos e por causa disso não é raro que a menipéia também seja conhecida como sátira à Varrão. Uma obra de sátira menipéia clássica é a *Apocoloquintose do Divino Cláudio* de Sêneca, cujo título já nos dá uma boa mostra de algumas das características dessa sátira: uso de neologismos e *bathos*. Outros exemplos clássicos são o *Satyricon* de Petrônio e as sátiras de Luciano. Na Renascença, a *Anatomy of Melancholy* de Burton, as obras de Erasmo, Rabelais, Folengo entre outros, e daí à frente, seguem-se Cyrano de Bergerac, Voltaire, Swift, Sterne, Stendhal, Huxley, Joyce entre outros.

Bakhtin caracteriza a tradição como

> [...] um gênero extraordinariamente leve e mutável como Proteu, capaz de penetrar os outros gêneros [e que teve] uma influência capital, mal estudada e apreciada no momento, no desenvolvimento das literaturas européias. A sátira menipéia se tornou um dos principais veículos da percepção do mundo carnavalesco na literatura, mesmo a mais moderna[8].

Observando que Bakhtin, ao usar um modelo sincrônico e não um histórico, acabou entrando em generalizações que diluíram o conceito do gênero da sátira menipéia, Howard D. Weinbrot busca reconstruir o gênero através de obras marcadamente menipéias. Ele observa:

> [...] o gênero da menipéia é múltiplo mas limitado, complexo mas também direto, e um instrumento satírico efetivo em seus modos mais ou menos sombrios, e em seus modos genéricos, anotativos, incursivos e por adição. Estes demonstram muito bem os limites distintivos e as fronteiras da regularidade[9].

8. Mikhail Bakhtine, *La Poétique de Dostoïevski*, Paris, Seuil, 1970, p. 159.
9. Howard D. Weinbrot, *Menippean Satire Reconsidered. From Antiquity to the Eighteenth Century*, Baltimore, The Johns Hopkins University Press, 2006, p. 19.

Que o gênero tenha tido uma importância capital embora não plenamente reconhecida é indisputável, porém mais incerta é a assertiva de que a sátira menipéia seja um dos principais veículos da percepção do mundo "carnavalesco" na literatura. A idéia, popular há algumas décadas, precisa ser aproximada com cautela. Enquanto denominação icônica de certas características inerentes à sátira – tais como o uso de *bathos*, ou o rebaixamento do alto (e seu correlativo lógico), a elevação do baixo – pode-se usar o termo que ilustra bem o processo; coisa diferente é propô-lo como fenomenologia e ainda mais arriscado, considerar que tal "mundo" seja uma criação da cultura popular. O papel de mero "porta-voz" da cultura popular, ou, pior ainda, de "sintoma" da cultura reservado ao escritor ou artista é uma falácia redutora que fascinou e ainda fascina certas linhas de interpretação sociológica, como o marxismo bahktiniano. Nessa linha de pensamento, o escritor ou artista não é mestre de seu estilo mas, sim, um produto cuja obra não passa de sintoma das contradições da sociedade em que vive. Nesse sentido, o livro de Bakhtin sobre Rabelais incorre em várias ocasiões nessa falácia. Rabelais é um mestre não porque sua inventividade e talento individual aliaram-se a uma aguda percepção e leitura crítica da tradição literária que herdou e transformou, mas porque "em nossa opinião sua qualidade maior é a de estar ligado mais estreita e mais profundamente que os outros às fontes populares"[10]. Ou ainda, de forma reducionista: "essas fontes determinaram o conjunto de seu sistema de imagens bem como sua concepção artística"[11] ou, ainda, "é justamente esse caráter popular particular, radical, se poderia dizer, de *todas* [grifo nosso] as imagens de Rabelais, que explica que seu futuro tenha sido excepcionalmente rico"[12]. Ou seja, não apenas a recepção

10. Mikhail Bakhtine, *L'Oeuvre de François Rabelais et la Culture Populaire au Moyen Âge et sous la Renaissance*, Paris, Seuil, 1970, p. 10.
11. *Idem, ibidem.*
12. *Idem, ibidem.*

posterior da obra de Rabelais se deve ao uso exclusivo das imagens da cultura popular como também *todas* as imagens que Rabelais usa são de origem popular. Ora, a falácia reducionista aqui se desmantela sob vários pontos de vista. Em primeiro lugar, a posteridade de Rabelais não é a história de um constante e uniforme reconhecimento. Muito pelo contrário, a história do destino da obra rabelaisiana é feita de altos e baixos. Rabelais teve que esperar alguns séculos até que Hugo o reabilitasse como escritor na categoria dos grandes e mesmo assim, até mesmo depois, críticos de importância o consideravam irregular, obsceno, inconsistente e fragmentário. Se valesse a tese de Bakhtin de que é a cultura popular a viga mestra de sua obra, Rabelais teria sido alçado ainda em vida às alturas da história da literatura francesa e mundial. Uma outra inconsistência grave dessa posição é sustentar que *todas* as imagens de Rabelais têm origem na cultura popular, o que não é verdade. Rabelais utilizou-se tanto de formas populares quanto eruditas, imitando escritores da Antiguidade clássica grega e romana cujo nível de sofisticação nada tinha de popular. Várias de suas imagens e palavras, como também trechos inteiros nos vêm de Luciano[13] (como o episódio da descida de Panurge ao inferno, entre tantos outros), para não falarmos da ilha dos Macróbios, das imitações de Erasmo, das concepções cosmológicas vindas de Platão, da imortalidade da alma vinda também de Platão e de Aristóteles, sem esquecer de Plínio e Plutarco. Não menos importante é o desenvolvimento por Rabelais de um estilo pessoal inconfundível e único, também inspirado nas aventuras filológicas,

13. Outros exemplos de paralelismos entre Rabelais e Luciano podem ser encontrados nos apêndices I e II de *Études Rabelaisiennes*, tomo XXXIV, Travaux d'Humanisme et Renaissance, n. CCCXVI, editados por Edwin M. Duval, "The Design of Rabelais's *Tiers Livre* de Panurge", Genève, Droz, 1997. Ali se vêem claramente os trechos de Luciano retrabalhados por Rabelais no prólogo do *Terceiro Livro*. São eles: o "How to Write History" [*Opera*, fo. 113 i-114 c, edição em latim de 1546] e "A Prometheus in Words" [*Opera*, fo. 4a-d].

sintáticas e vocabulares dos antigos, tais como neologismos (Macrobe, Agelaste, Papefigue, Fanfrelouches, Calibistris, a lista é espantosa). A elaborada linguagem de Rabelais não é, de maneira alguma, a linguagem da "cultura popular" mas, sim, a de um erudito com intenso interesse pelas palavras e pela linguagem. Seu público era pequeno e diminuiu ainda mais assim que seus livros foram ficando cada vez mais elaborados, pois estes exigiam leitores igualmente cultos. A diferença de estilo entre as cartas remanescentes de Rabelais, escritas com simplicidade e franqueza, e suas obras literárias é marcante e deve ser levada em consideração para termos uma visão ampla e equilibrada de sua obra e herança.

Ainda, a definição de "cultura popular" nos termos de Bakhtin muda de acordo com a conveniência. Pode ser num momento uma cultura que escapa às "mentiras oficiais", como ele escreve logo no início de seu livro, depois, no meio do livro, se torna um "suporte" usado pela cultura do Renascimento em sua luta contra a "cultura oficial da Idade Média", e também um elemento de "destruição da cultura oficial". O marxismo igualmente oficial desse ponto de vista é cruamente exposto e fala mais da condição ideológica de Bakhtin e da União Soviética de seu tempo do que da obra de Rabelais.

Como indica Richard M. Berrong em seu livro *Rabelais and Bakhtin*, a abordagem teórica de Bakhtin "tem pouco a ver com as narrativas escritas durante o século XVI por François Rabelais. A cultura popular aparece em *Gargantua e Pantagruel*, mas de maneiras diferentes e de forma muito mais complexa do que as que propôs Bákhtin"[14]. Concordamos com Berrong quando ele observa que o livro de Bakhtin oferece duas falhas sérias: a primeira com relação à construção teórica básica da obra, que prova não ter nenhum fundamento:

14. Richard M. Berrong, *Rabelais and Bakhtin*, Lincoln and London, University of Nebraska Press, 1986, p. 13 *et passim*.

[...] na história social que Bakhtin diz estar seguindo. Segundo, por não reconhecer a mudança bem marcada de atitude com relação à cultura popular de *Pantagruel* para com as narrativas subseqüentes, Bakhtin deixou sua interpretação da obra de Rabelais se tornar cada vez mais distante do texto dessa mesma obra[15].

Elementos da sátira menipéia

Segundo o levantamento de características da sátira menipéia[16], o peso do elemento cômico é preponderante, assim como a liberdade de invenção filosófica e temática, liberdade essa que não aceita restrições de ordem histórica. Para tanto, há uma preponderância de peripécias e fantasmagorias desenfreadas que servem de apoio e contraponto à invenção filosófica. Estas são muitas vezes interiormente justificadas pela necessidade paródica, também preponderante na anatomia. Em geral, o cenário para essas fantasmagorias toma a forma clássica da divisão cosmológica triádica: terra, inferno e céu; e à falta de restrição histórica ou temporal pode se aliar a falta de restrição espacial, com peripécias se desenvolvendo em lugares inusitados e/ou paralelos. A aliança da sátira menipéia com a paródia de sistemas filosóficos ou ideológicos vai se refletir também na linguagem, o que Bakhtin chama de

15. *Idem*, p. 105. É importante indicar aqui o livro de Michael Holquist & Katerina Clark, *Mikhail Bakhtin* (New Haven, Yale University Press, 1984), onde, no capítulo intitulado "Rabelais and His World" (pp. 295-320), os autores fazem uma análise da situação de Bakhtin e seu Rabelais no contexto intelectual e político da era stalinista.
16. Seguimos aqui as características expostas por Bakthin em *A Poética de Dostoiéviski*, pp. 159-165, embora seus 14 pontos possam ser subsumidos em um número menor de características, como mostramos em nosso texto. A única vantagem em separar os procedimentos da sátira menipéia nessas características é para chamar atenção aos elementos fundamentais que marcam a categoria. Tais "características" são eminentemente interligadas e praticamente se autojustificam por causa das exigências do gênero.

> [...] naturalismo de *bas-fond*. Mas isso também pode ser entendido como uma necessidade interior da categoria – visto que uma flexibilidade maior de linguagem, ou melhor, uma linguagem falsamente elevada para falar de temas obscenos ou triviais (ou seu contrário, uma linguagem batética tratando de altos temas filosóficos) é necessária à sátira em geral[17].

Em relação ainda à falta de restrição temporal e espacial característica desse tipo de sátira, pode-se derivar um correlativo bastante importante que é o fantástico experimental, que, tendo suas origens na sátira clássica de Luciano, Sêneca, Apuleio e Petrônio, vai florescer mais tarde com Rabelais, Cyrano, Swift e Voltaire, entre tantos outros. Uma das conseqüências do uso deste fantástico em contato com a crítica a sistemas filosóficos vai ser a tendência que há, em certos tipos de sátira menipéia, de incorporar elementos de utopia social. Em geral, os elementos utópicos se dão fora do mundo normal, nos sonhos ou viagens a países ou ilhas fictícios.

17. Como lembra Barbara C. Bowen, *Enter Rabelais, Laughing*, Nashville & London, Vanderbilt University Press, 1998, "a adoção de temas e linguagens da praça do mercado, procissão e carnaval, não é, *pace* Bákhtin, uma expressão isolada de solidariedade com os desafortunados das classes baixas contra seus opressores. Basta olharmos para a linguagem polêmica usada pela Reforma para nos convencermos de que Rabelais, longe de ser um exemplo isolado, é, na verdade, típico de sua geração de humanistas. Lutero, tão conhecido por sua linguagem truculenta, chamou Henrique VIII de *asinus* (asno); *porcus* (porco); *faeces latrinae* (fezes de latrina) e de *scurra levissimus* (bufão irresponsável: o epíteto *levissimus* [levíssimo] é encantador num homem do porte daquele rei)" (p. 71). Bowen também indica esse tipo de linguagem em Thomas More em sua *Responsio ad Lutherum* (I.10) onde ele escreve: "Já que ele [Lutero] escreveu que tem o direito de espalhar e de esparramar a coroa real com merda, será que não terá o direito posterior de proclamar a esmerdeada língua de sua prática em posteriorística como a que mais merece lamber com sua anterioridade o posterior mesmo de uma mula mijona até que ele tenha aprendido mais corretamente a inferir conclusões posteriores das premissas anteriores?" (p. 72). A tendência contemporânea a ler selecionadamente os textos dos humanistas leva a conclusões distorcidas.

Uma outra característica importante nessa sátira é a exploração de situações psicológicas ou morais, valendo aí também as representações de estados psíquicos inabituais (como as memórias de Brás Cubas escritas *post mortem*), situações excepcionais onde uma determinada personagem vivencia experiências extremas (como o *topos* do *Doppelgänger*, já popular nos tempos de Varrão, com seu *Bimarcus*).

Desses tipos de infrações, se quisermos, derivam-se também outras espécies, inclusive a determinação em explorar e descrever cenas em geral evitadas na literatura elevada e de *bon ton*, como cenas de escândalo, infrações de etiqueta, de normas estabelecidas, tanto em termos de conduta como no uso de palavras. Vai daí que a sátira menipéia, por isso mesmo, se apresenta como um gênero onde os elementos de contraste, paradoxo e oximoro têm preponderância.

Finalmente, em vista das temáticas e dos estilos empregados nesse tipo de sátira, haverá um uso sistemático de gêneros intercalares: mistura de prosa e verso, diálogos, cartas, discursos, simpósios, inclusive outros meios, tais como desenhos, grafismos etc. (a famosa página do luto, toda negra, de *Life and Opinions of Tristram Shandy* ou o diálogo de reticências em *Memórias Póstumas de Brás Cubas*, entre outros).

Comentando a situação da sátira menipéia, Dustin Griffin observa, muito apropriadamente, que, apesar dessa forma de sátira ter atraído a atenção de críticos e teóricos do gênero nos anos mais recentes, a tendência destes é a de focalizar não no que a sátira menipéia tem em comum com outros tipos de sátira, mas naquilo que lhe é distinto. Opondo Frye a Bakhtin, Griffin escreve que, em suas teorizações sobre o gênero, até parece que ambos estão escrevendo sobre coisas completamente diferentes. Ao renomear a sátira apenas de "menipéia", Bakhtin comete o erro de separá-la completamente da sátira. Além disso, "o seu marxismo o predispõe a idealizar o que é *folk*. Ele não vê o elemento de erudição que Frye considera central, ou a tradição de 'dito espirituoso e erudito' que liga Erasmo, Rabelais,

Burton, Swift e Sterne. Para ele, 'a menipéia' cresce na praça do mercado e não no estúdio"[18]. E mais adiante, ele observa que

> [...] talvez tenhamos que reconhecer que a família menipéia tem vários ramos: a tradição da narrativa fantástica, de Luciano a Gulliver's Travels e além; uma tradição paralela de ostentação de erudição e conhecimento, solta e paródica, de Erasmo através de Robert Burton até o *Tale of the Tub*; e uma tradição de diálogo e de simpósio de Platão e Luciano a Fontenelle e Blake[19].

Por ser assim diversificada, foi nosso objetivo contribuir para a discussão da sátira menipéia com dois elementos que julgamos essenciais ao gênero. Ao sugerirmos nossa leitura, acreditamos estar levantando mais dados e abrindo algumas questões que, esperamos, possam levar a explorações ulteriores do que aqui, modestamente, propomos.

É esse, portanto, o objetivo desse livro. Nele, discutimos a importância do elemento grotesco, em várias acepções, não apenas na *imagerie* da sátira menipéia, mas tentamos mostrar como o grotesco funciona como elemento fundador e necessário em vários níveis: palavras, imagens, desígnio total da obra. Da mesma forma, também discutimos a importância dos mitos circulares, a importância da ciclicidade temporal, mitológica e temática nessa sátira.

Visto que escolhemos dois autores díspares, que viveram em épocas diferentes e em culturas diferentes, foi ainda mais fascinante descobrir a utilização e preservação dessas duas características (além de outros traços comuns nas características gerais do gênero), fato que reitera, ainda mais uma vez, a preservação através da transformação constante de uma tradição literária. O que significa essa tradição comum? Mesmo que in-

18. Dustin Griffin, *Satire. A Critical Reintroduction*, Lexington, Kentucky University Press, 1994, p. 33.
19. *Idem, ibidem*.

diquemos uma lista comum de leituras que contribuíram para a retenção de idéias formadoras em ambos os autores – comparando notas das edições de Rabelais e de Joyce, encontramos: Agrippa, Aristófanes, Aristóteles, Avicena, Cícero, Galeno, Aulus Gellius, Hermes Trismegisto, Heródoto, Homero, Marsilio Ficino, Nicolau de Cusa, Paracelso, Pico de la Mirandola, Platão, Plínio, Plotino, Tácito, Teócrito, Virgílio, Villon, Xenofonte, Tomás de Aquino, Agostinho, Bernardo de Clairvaux, Francisco de Assis, entre outros – ainda assim haverá falhas de apreensão e saltos inexplicáveis. Nosso objetivo não é o de estabelecer fatos inquestionáveis, mas o de suscitar, através da comparação, um jogo entre analogias e interpretações que possibilite ao leitor enriquecer e ampliar suas leituras tanto de Rabelais quanto de Joyce.

Primeira Leitura

I

O Mundo das Imagens

Quando examinamos certos procedimentos comuns a Rabelais e a Joyce, deparamos com um primeiro problema que é o da inseparabilidade entre processos verbais e estruturas literárias. O uso de citações e enumerações é tanto um recurso de jogo verbal quanto uma forma de enciclopedismo. Se as citações e enumerações se estendem em número (como em Rabelais, os vários epítetos para *couillon* e *fou*) ocupando várias páginas, podemos interpretar isso como uma forma de gigantismo, de metamorfose lúdica. O uso de vários idiomas, dialetos e línguas de invenção, tanto por Rabelais quanto por Joyce, indica tanto uma polifonia, metáfora da complexidade do mundo, como também um caos babélico. Neologismos, palavras longas e de invenção também se expressam tanto no nível de pura criação verbal quanto no efeito monstruoso que projetam. Dessa forma, cada camada de leitura reflete-se em outra camada, como as facetas de um prisma refletido em outro prisma: macro e microcosmo em continuidade, um captando e refletindo o outro.

A dança da imagem grotesca

Peu de temps après elle commença a souspirer, lamenter et crier. Soubdain vinrent à tas saiges femmes de tous coustés, et, la tastant par le bas, trouvèrent quelquer pelladaureries assez de maulvais goust, et pensoient que ce feust l'enfant; mas c'estoit le fondement qui luy escappoit, à la mollification du droict intestine (lequel vous appelez le boyau cullier) par trop avoir mangé des tripes, comme nous avons déclairé cy dessus.

Dont une horde vieille de la campaigne, laquelle avoit réputation d'estre grande médicine et la estoit venue de Brizsepaille, d'auprès Sainct Genou devant soixante anos, luy feurent oppilés et reserréz que à grande poine, avecques les dentz, vous les eussiez eslargiz, qui est chose bien horrible à penser: mesmement que le diable, à la messe de sainct Martin escripvant le quaquet de deux gauloises, à belles dentz alongea son parchemin.

Par cest inconvénient feurent au dessus relaschéz les cotyledons de la matrice, par lequelz sursaulta l'enfant, et entra en la vene creuse, et, gravant par le diaphragme jusques au dessus des espaules (ou ladite vene se part en deux) print son chemin à gauche, et sortit par l'aureille senestre. Gargantua[1].

[Pouco tempo depois, ela começou a suspirar, lamentar e gritar. Imediatamente, de todos os costados, vieram as parteiras e, tateando-a por baixo, encontraram algumas pelancas bem de mau gosto, e pensaram que fosse a criança; mas era o fundamento que lhe escapava, através da molificação do intestino grosso (que se chama câmara intestinal) por ter comido tripa, como já dissemos acima.

Daí, uma velha vinda do campo, que tinha reputação de grande médica em Brizepaille, perto de Sainct Genou, já há sessenta anos, lhe deu um restritivo tão horrível que todos os seus orifícios ficaram tão opilados e fechados que nem com os dentes se podia abrir – coisa horrível de pensar; do mesmo modo que o diabo, na missa de São Martin, escrevendo o cacarejar de duas gaulesas, com os dentes desenrolava o pergaminho.

Por causa desse inconveniente, em cima, os cotiledôneos da matriz se distenderam e dali subiu a criança, e entrou pela veia vazia, e subindo pelo diafragma, até acima dos ombros (onde a supracitada veia se divide em dois), tomou o caminho da esquerda e saiu pela orelha daquele lado.]

1. François Rabelais, *Gargantua* em *Oeuvres Complètes*, Paris, Gallimard, 1955, p. 22. Todas as referências a Rabelais seguem essa edição.

From shoulder to shoulder he measured several ells and his rocklike mountainous knees were covered, as was likewise the rest of his body wherever visible, with a strong growth of tawny prickly hair in hue and toughness similar to the mountain gorse (Ulex Europeus). The wide-winged nostrils, from which bristles of the same tawny hue projected, were of such capaciousness that within their cavernous obscurity the fieldlark might easily have lodged her enst. The eyes in which a tear and a smile strove ever for the mastery were of the dimensions of a goodsized cauliflower. Ulysses[2].

[De ombro a ombro ele media várias varas e seus pétreos joelhos montanhosos se cobriam, como igualmente o resto de seu corpo onde visível, de rijos pêlos fulvos em matiz e dureza similar ao tojo da montanha (*Ulex Europeus*). As asas amplas das narinas, de onde cerdas do mesmo matiz fulvo se projetavam, eram tão espaçosas que dentro de sua obscuridade cavernosa a cotovia do campo facilmente poderia ter alojado seu ninho. Os olhos, onde a lágrima e o sorriso lutavam sempre pelo domínio, tinham as dimensões de uma couve-flor de bom tamanho.]

[...] de bled en herbe vous faictez belle sause verde, de légière concoction, de facile digestion, laquelle vous esbanoist le cerveau, esbaudist les espritz animaulx, resjoist la veue, ouvre l'appétit, délecte le goust, asseure le cœur, chatouille la langue, alliège le diaphragme, refraischist le foye, désoppile la ratelle, soulaige les roignons, assoupist les reins, desgourdist les spondyles, vuide les ureteres, dilate les vases spermaticques, abbrevie les crémastères, expurge la vessie, enfle les génitoires, corrige le prépuce, incruste le balane, rectifie le membre, vous faict bon ventre, bien rotter, vessir, peder, fianter, uriner, esternuer, sangloutir, toussir, cracher, vomiter, baisler, mouscher, haleiner, inspirer, respirer, ronfler, suer, dresser le virolet et mille autres rares adventaiges. Le Tiers Livre[3].

[...Com o trigo ainda em erva se faz um belo molho verde, de ligeira mistura, de fácil digestão, que libera o cérebro, amansa os espíritos animais, renova a vista, abre o apetite, deleita o gosto, assevera o coração, atiça a língua, alivia o diafragma, refresca o fígado, desopila o baço, lava

2. James Joyce, *Ulysses*, New York, Random House, 1946, p. 291. Todas as referências ao *Ulysses* a partir daqui seguem essa edição.
3. *Le Tiers Livre* [*O Terceiro Livro*], *op. cit.*, p. 337.

os rins, relaxa os intestinos, desincha os espondilos, esvazia os ureteres, dilata os vasos espermáticos, abrevia os cremastérios, expurga a bexiga, infla os genitórios, corrige o prepúcio, incrusta o pâncreas, retifica o membro, dá a você bom ventre e lhe faz bem arrotar, peidar, cagar, urinar, espirrar, soluçar, tossir, cuspir, vomitar, bocejar, assoar, suspirar, inspirar, respirar, roncar, suar, levantar o mastro e mil outras raras vantagens.]

The warped flooring of the lair and soundconducting walls thereof, to say nothing of the uprights and imposts, were persianly literatured with burst loveletters, telltale stories, stickyback snaps, doubtful eggshells, bouchers, flints, borers, puffers, amygdaloid almonds, rindless raisins, aphybettyformed verbage, vivlical viasses, ompiter dictas, visus umbique, ahems and ahahs, imeffible tries at speech unsyllabled, you owe mes, eyoldhyms, fluefoul smut, fallen lucifers, vestas which had served, showered ornaments, borrowed brogues, reversible jackets, blackeye lenses, family jars, falsehair shirts, god forsaken scapulars, neverworn breeches, cutthroat ties, counterfeit franks, best intentions, curried notes... Finnegans Wake[4].

[O assoalho torto do covil e paredes somcondutoras, para não dizer nada das vigas e pilares, eram persianamente literaturados com cartas-de-amor abertas, estórias reveladoras, fechos autocolantes, cascas de ovos duvidosas, rolhas, pederneiras, furadeiras, sopradoras, amidalóides amêndoas, passas sem casca, verbiagem verbosa da Aftabete, vieses vívlicos, ompiter dictas, visus umbique, ahems e ahahs, inefríveis tentativas de fala insilabada, tu mes deves, olvelhinos malcheiroso papo, lúcifers caídos, vestas que haviam servido, ornamentos aduzidos, calças emprestadas, paletós reversíveis, lentes de olho roxo, potes de família, cilícios de cabelo falso, escapulários de onde judas perdeu as botas, calças nunca antes usadas, gravatas estripadoras, francos falsos, melhores intenções, notas apimentadas...]

Pareados dois a dois, os quatro trechos já demonstram elementos em comum. Os dois primeiros oferecem imagens agigantadas e absurdas, os dois últimos entram em enumera-

4. James Joyce, *Finnegans Wake*, London, Faber, 1971, p. 183. Todas as referências seguem essa edição. A partir daqui, abreviação *FW*.

ções que parecem não ter fim. Há, entretanto, algo comum aos quatro trechos: o monstruoso. No primeiro texto de Rabelais, o nascimento de Gargantua pela orelha de Badebec; em Joyce, a descrição do "cidadão" cujas narinas de tão espaçosas comportam ninhos, olhos de couve-flor etc. No terceiro texto de Rabelais a minúcia descritiva das qualidades do molho verde e seus efeitos no corpo humano e no trecho final de Joyce a enumeração caótica dos objetos no quarto, feita de *mots-valise*.

Entretanto, essa monstruosidade, que, à primeira vista, poderia parecer "fantástica", é, na verdade, construída a partir de elementos que evidenciam uma existência *material*. Se a imaginação que os justapõe trabalha excentricamente, ela o faz, no entanto, a partir de dados de um mundo natural, um mundo que reconhecemos como tendo uma materialidade palpável.

Da lacuna criada entre o exercício da imaginação e sua aplicação a um mundo natural onde nossas expectativas não são preenchidas, ou são colocadas em suspenso, é que nasce esse efeito de monstruosidade. Faz parte do monstruoso causar uma sensação de estranhamento já que o que buscamos é sempre a expectativa daquilo que nos está mais próximo, seja no horizonte existencial, cultural ou psicológico: o banal, o habitual. Quando não encontramos o esperado, o cotidiano, estranhamos. E o monstruoso nos atinge como uma infração de hierarquias, como um som no horizonte de ruídos costumeiros. O monstruoso pode ser desproporcional, inusitado, absurdo. Mesmo que nossos horizontes estéticos sejam limitados por um certo padrão mediano de beleza, de proporção e de harmonia, ainda assim temos dificuldade com os casos do belo extremo e ficamos em dúvida diante do sublime, que nos aterroriza. A rejeição cultural ao monstruoso acontece em várias camadas. Ele é o símbolo do mundo que o desejo recusa e esse desejo do monstruoso só pode ser atípico ou patológico. Ele só acontece quando algo no mundo foge da norma, escapa aos padrões normais. O nascimento de Gargantua pela orelha da mãe só é possível porque a parteira administra à parturiente um *restrictif* tão forte que causa uma constrição em seu corpo. A criança sobe pelo diafragma, pela veia cava, e quando esta se parte em dois entra pela esquerda e sai pela orelha. Mesmo com o distanciamento proporcionado pelo elemento cômico no episódio, os detalhes primorosamente (e propositadamente) descritos por Rabelais, sem dúvida orgulhoso de suas lições de anatomia, causam uma sensação de aflição. Mal se pode imaginar a "realidade" da cena que o autor sugere. Esse incômodo também se verifica na descrição do "cidadão" no episódio de Joyce. Ao igualar o fanático republicano, briguento e intolerante a um ciclope, Joyce empresta ao tipo não apenas as proporções gigantescas da figura homérica mas também seu barbarismo[5]. E o faz, usando de imagens do mundo naturais: os joelhos são montanhas rochosas, os olhos de couve-flor, os cabelos do nariz são como ninhos de passarinhos. A figura resultante dessa acumulação de símiles, ainda que de difícil visualização, não deixa dúvidas quanto à sua monstruosidade e desproporção. Rabelais também, em outro capítulo famoso do *Quarto Livro*, constrói a anatomia da figura do Carnaval a partir da mistura de elementos do mundo natural e imaginário[6]. O trecho do *FW* consolida nas próprias palavras o mundo deformado dos monstros. Ao verbal se juntam elementos imagéticos: *falsehair shirts* que invertem expectativas tanto verbais quanto conceituais: uma *hair shirt*, a túnica dos penitentes que machuca a pele, feita de crina de cavalo,

5. Mary T. Reynolds, "The City in Vico, Dante and Joyce", comenta que Joyce aqui já transforma o patético bêbado, em seu nacionalismo estreito e perverso, em um gigante de Vico e faz referência ao livro II da *Scienza Nuova* onde Vico fala do dilúvio universal e dos gigantes cujas figuras eram "seres humanos quase bestiais, robustos, vigorosos, excessivamente grandes tanto em músculo quanto em ossos" [ela cita a tradução de Vico por Thomas G. Bergin, Cornell University Press, 1984, p. 369]. Entretanto, há pouca evidência de que Joyce tenha lido Vico antes de 1920 (ver adiante), e quando ela afirma que Joyce havia lido Vico já em 1901 não há evidência que comprove tal afirmação. Seu artigo encontra-se em Donald Philip Verene (ed.), *Vico and Joyce*, New York, State University Press, 1987, pp. 110-122.
6. F. Rabelais, *Le Quart Livre*, *op. cit.*, caps. XXX, XXXI e XXXII, pp. 621-627.

acaba se associando a um aplique, uma peruca, e assim *false-hair* acaba se associando com vaidade, com falsidade, criando efeitos críticos e cômicos.

Muito já se escreveu sobre a associação do grotesco com esse mundo de monstros e estranhamento[7]; entretanto, em nossa leitura, estendemos o conceito de grotesco para considerar outros aspectos do mesmo. Para tanto, vamos iniciar considerando o grotesco em seu aspecto ornamental.

A imagem-iluminura

À época de sua descoberta, na Itália, "La Grottesca" era uma expressão utilizada para designar um tipo de ornamentação que fora encontrado em algumas grutas (*grotte*) quando da escavação de uma região, no início do século XV. Logo foi constatado que essas ornamentações, embora tivessem sido feitas na época do Império Romano, não tinham nada a ver com a tradição romana em pintura, caracterizada, basicamente, por uma versatilidade na arte do retrato, na ilusão de ótica e no naturalismo. Comum, como se descobriu em Pompéia, era a combinação de paisagens naturalistas com os efeitos de *trompe-l'oeil*. Para que haja eficácia no *trompe-l'oeil* é necessário que as hierarquias visuais tais como as conhecemos ou estamos acostumados se mantenham tal e qual, já que, como a paródia, o *trompe-l'oeil* só pode funcionar dentro de parâmetros onde as convenções do modelo são claras e inquestionáveis, senão não haverá ilusão de ótica (ou paródia). Criar uma ilusão de ótica numa paisagem campestre é trabalhar com os dados de uma

7. A obra clássica de Wolfgang Kayser, *O Grotesco*, São Paulo, Perspectiva, 1986; Bakhtin em seus estudos sobre Rabelais e Dostoiévski (*op. cit.*); o prefácio de Victor Hugo para o *Cromwell* (Paris, Flammarion, 1932); Freud em seu pequeno ensaio sobre Hoffmann, "The Uncanny", *The Complete Psychological Works of Sigmund Freud*, Standard edition, vol. XVII, representam a literatura essencial sobre o tema.

convenção que é facilmente evocada e com as quais estamos por demais acostumados seja conceitualmente (expectativas criadas pelo repertório de artes visuais já existentes e reconhecíveis), seja em nossa memória visual de paisagens "reais" – em suma, o que olhos aculturados "escolhem" como paisagem – o que é, naturalmente, determinado pelo mundo visual que se aprende a apreciar com a arte.

No entanto, o aparecimento de tais formas de ornamentação, completamente independentes dos padrões estéticos habituais na arte romana, representou um mistério. Pensou-se logo que tais caprichos tivessem sido trazidos a Roma por alguma influência "bárbara"[8]. Já criticada na própria Roma, pela então corrente naturalista, principalmente pelo arquiteto e pintor Vitrúvio, a pintura grotesca, apesar dos pesares, acabou sendo amplamente difundida na Antiguidade. Parte da querela tantas vezes revivida e ainda acesa entre as eternas disposições opostas de temperamento, o barroco e o clássico, se vê na antiga Roma que a oposição ao excesso e ao "mau gosto" representados pela ornamentação desenfreada utiliza recursos conceituais muito semelhantes aos que animaram os renascentistas contra o gótico, os neoclássicos e árcades contra o barroco, as correntes realistas contra o romantismo e o modernismo contra o academicismo onde "menos é mais", na máxima atribuída a Mies van der Rohe.

Gombrich, que observa que, "mesmo em estado de descanso, o organismo não se permite a ficar na passividade"[9], também observa que

8. Ver a esse respeito, Kayser (*op. cit.*); E. H. Gombrich, *História da Arte* (São Paulo, Zahar, 1985), *The Sense of Order. A Study in the Psychology of Decorative Art* (London, Phaidon, 1994), *Art and Illusion* (London, Phaidon, 1960); H. W. Janson, *História da Arte*, Lisboa, Fundação Calouste Gulbenkian, 1977; Vários Autores, *História Mundial da Arte*, São Paulo, Difel, 1975; Kenneth Clark, *Civilização*, Rio de Janeiro, Martins Fontes/UnB, 1980, entre outros.
9. Gombrich, *The Sense of Order*, p. 9.

> [...] o ornamento é perigoso precisamente porque ele nos fascina e tenta a mente a submeter-se sem reflexão. As atrações de riqueza e esplendor são para as crianças; o adulto deve resistir a essas tentações e optar pelo sóbrio e pelo racional[10].

Ele continua:

> Uma rejeição deliberada da profusão ornamental sempre foi um sinal da influência clássica. Onde esta influência se torna uma questão de orgulho, como na Renascença italiana e no neoclassicismo do século XVIII, a ênfase na forma em vez de na decoração se torna um sinal de virtude artística autoconsciente. O desejo de Alberti de ver o interior das igrejas todo branco está refletido no interior da Abadia em Fiesole, que confia, em termos de efeito, inteiramente no senso de proporção[11].

Assim como gozou de popularidade na Roma antiga, essa *grottesca*, ao ser redescoberta na Renascença, foi largamente usada, sobretudo para efeitos de decoração. Mas em que consistia esse tipo de decoração? Pintavam-se talos canelados com volutas em dobras labirínticas das quais brotavam folhas e flores e sobre as quais se assentavam figurinhas diminutas de animais que se mesclavam às folhagens. Pintavam-se também pequenos monstros, metade gente, metade animal ou vegetal, ditos *naissants*, de forma que as fronteiras entre os mundos animal e vegetal se apagassem. A composição era feita à maneira de um arabesco onde as figuras se entremeavam e formavam motivos de grande complexidade. Com a difusão desse estilo pela Itália, o grotesco se expandiu rapidamente para outros países e foi bastante utilizado tanto nas artes gráficas como na arquitetura e na ourivesaria[12].

10. *Idem*, p. 17.
11. *Idem*, p. 18.
12. A arquitetura e a decoração contemporâneas contam com um adepto radical do estilo que é Antoní Gaudí. Sua obra é profundamente marcada pelas vertentes mais representativas do estilo grotesco. A concepção arquitetônica de Gaudí mistura os mais variados elementos, rompendo com os modelos clássi-

Já de pronto, podemos detectar no grotesco duas de suas características essenciais que se desenvolverão consideravelmente com o passar da História: a *monstruosidade* e o *apagamento de fronteiras*. Podemos dizer que o apagamento dos limites introduz ambigüidade nas composições grotescas de várias formas. Os "monstrinhos" formados na imaginação grotesca não o são a partir de uma fantasia abstrata, mas, como já observamos, são criados a partir de uma existência anterior. É a mistura proporcionada pelo abrandamento de fronteiras na composição que os cria. É na mistura entre os mundos humano ou animal, e vegetal que os monstros têm sua origem. Isso possibilita várias formas de distorção. Primeiro, a distorção ao fazer confluir mundos diferentes em uma só composição; segundo, tais mundos naturais devem sofrer uma adaptação que lhes rouba a naturalidade: por exemplo, a forma orgânica de um vegetal deve adequar-se à forma conceitual de uma voluta, forma que lhe é estranha e, portanto, imposta de fora para dentro. Uma outra forma de distorção é a distorção radical que vem com o tomar algum elemento e virá-lo do avesso.

Tal dinâmica, portanto, só pode acontecer dentro de uma estrutura composicional que lhe possibilite a maior liberdade pos-

cos (na utilização de parábolas como arcos, por exemplo, entre outros recursos). Sua arquitetura e sua decoração mesclam eucaliptos e oliveiras a colunas, rochas sinuosas a fachadas, aproveitando um número incontável de plantas e flores, plantas aquáticas, monstros, insetos, elementos orientais, símbolos místicos etc. Seu estilo peculiar acaba gerando a impressão (insuportável, para alguns) de que sua arquitetura está "viva". Em outros, o que incomoda é o "excesso" da imaginação barroca onde os limites entre o belo e o horrível se borram. Sem dúvida, a sensação que a arquitetura de Gaudí desperta é também a de estranhamento, naquele sentido do grotesco, justamente porque ela lida com a invasão do orgânico e do biológico no inorgânico e conceitual. Para os que experimentam desconforto com a arquitetura de Gaudí e sua organicidade também se pode dizer que reagem dessa forma porque essa mesma organicidade está presa dentro de um mundo circular, ensimesmado, cujas regras infringem as regras normais de separação entre elementos. Essa circularidade pode funcionar como um labirinto onde não se encontra a saída. O mundo do grotesco é também um mundo exclusivo e auto-referente.

RAFAEL: *Grotesco* (detalhe de um pilar).

AGOSTINO VENEZIANO: *Grotesco.*

sível, isto é, a estrutura simples de *coordenação*. Em uma analogia com a linguagem oral, podemos pensar em frases ou fragmentos de frases ligadas pela conjunção "e". Também vale falarmos do contraste entre esse tipo de composição e a composição hierarquizada da pintura de "cenas", inaugurada na pintura ocidental por Giotto, que elimina os modos convencionais da pintura medieval com sua preponderância pela adição de detalhes. Giotto inaugura a pintura focal da cena onde o olho forçosamente segue uma hierarquia narrativa. Tipicamente uma cena renascentista vai levar o olho a focalizar no tema principal e depois desviá-lo para o detalhe. Em a *Madona dos Rochedos* de Leonardo da Vinci, o foco centra-se na figura da Virgem que olha o menino Jesus que por sua vez olha para João Batista que lhe devolve o olhar. Está aí em jogo uma estrutura de *subordinação*.

Já que não há hierarquia no apagamento de fronteiras promovido pelo grotesco, a equivalência de elementos, como já dissemos, se dá de forma totalmente livre e acontece simultaneamente. Nas composições subordinadas, há um *tempo de compreensão* que se escoa até que se faça o percurso das hierarquias e que a estória se conte. No grotesco, o impacto visual é simultâneo e imediato. Não há mediação temporal. Por isso mesmo, o grotesco acaba favorecendo estruturas repetitivas que são ao mesmo tempo circulares.

A possibilidade lúdica desse procedimento é infinita, como se pode presumir. Há nele um esquema de encaixe que assegura, por causa da repetição mesma, e do caráter coordenativo, até mesmo uma segurança de estilo, uma estabilidade. Isso é evidente quando encontramos enumerações tanto em Rabelais quanto em Joyce que nos dão a impressão de que o autor "passou das medidas" e acabou se deixando levar pelo simples prazer de juntar mais um elemento ao já numeroso caso que construiu.

O mesmo se dá em nível vocabular onde a inventividade incessante desafia barreira atrás de barreira, mesmo com o risco de alienar leitores potenciais, como é o caso extremo do *Finnegans Wake* de Joyce.

O mesmo prazer pela exuberância verbal ilimitada parece contagiar até mesmo os tradutores desses autores em outras línguas. J. Fischart, o tradutor de Rabelais para o alemão e quase contemporâneo deste, aumentou em grande número as enumerações já abundantes de Rabelais[13]. A tradução de Fischart para o alemão bem como a de Thomas Urquhart para o inglês hiperbolizam ainda mais o que é já da ordem de um transbordamento de limites no próprio Rabelais. Como exemplo, reproduzimos aqui o título do *Gargantua* em alemão: *Affentheuerliche und ungeheuerliche Geschichtschrift vom Leben, Rhaten und Thaten der vor langenweilen Vollemwolbescharaiten Helden und Herren Grandgusier, Gargantoa und Pantagruel, Königen in Utopien und Nienenreich etwas von M. Francisco Rabelais Französichentworfen: Nun aber Uberschreicklich lustig auf den Teutschen Meridian visirt, und ungefärlich obenhin, wie man den Gridigen lausst, vertirt, durch Huldrich Ellosposkleros reznem. Si premes erumpit: si laxes, effugit, anno 1575*[14].

A elasticidade do título é apenas um exemplo de como a estrutura coordenativa pode se sobrecarregar com um excesso de elementos imantados sem que com isso se modifique ou deixe de ser o que é. Outra coisa interessante é o fato de que essa abertura para o ornamento infinito já é, também, parte da estória a ser contada. O título se encaixa e se torna um elemento a mais, incorporado dentro da estrutura maior de distorção e de ornamentação do grotesco.

13. Ver a esse respeito L. Sainéan, *L'Influence et la Réputation de Rabelais*, Paris, J. Bambier, 1930, o capítulo sobre J. Fischart, pp. 62-68; e também Kayser, *op. cit.*, capítulo "Morgenstein e o Grotesco da Linguagem", p. 127.

14. *História Aventurosa e Extraordinária da Vida, dos Fatos e Gestos dos Muito Célebres Senhores e Heróis Grandgousier, Gargantua e Pantagruel, Reis de Utopia e de Nenhum-lugar, Transcrito em Francês pelo Senhor Francisco Rabelais Franciscano e Agora Muito Alegremente Oferecido ao Meridiano da Alemanha e Traduzido Mais ou Menos Como se Catam os Tinhosos por Huldrich [Johannes] Ellosposkleros. Se espremeres, romperá; se largares, fugirá.* Fischart assinava com diversos pseudônimos, entre eles, *Ellosposkleros*, que quer dizer peixe em grego já que Fischart vem de *Fisch*, peixe.

Vista dessa maneira, podemos compreender a temática dos gigantes, tanto em Rabelais quanto em Joyce, como participando desse mesmo movimento inclusivo e coordenatório. Há o que podemos chamar de processo de gigantificação total nas obras de ambos os autores. Gigantificação que perpassa tanto o mundo das personagens como também o mundo das palavras e das imagens. A isso voltaremos mais tarde.

Tendo em mente esse desenvolvimento ornamentativo, podemos interpretar agora os trechos que escolhemos como exemplo no início dessa leitura. Podemos até dizer que os fragmentos que retiramos para análise, com as enumerações que carregam, também podem ser considerados como ornamentações. Visualmente, ao lermos os textos, onde quer que encontremos as enumerações, estas saltam aos olhos criando uma espécie de relevo; elas sobressaem graficamente na página e é desnecessário dizer que, quanto maior a enumeração, maior o efeito visual. Além disso, muitas dessas enumerações são impressas com caracteres diferenciados. Em várias edições de Rabelais, como a da Gallimard, por exemplo, isso ocorre[15]. Podemos até dizer que a enumeração abre um parêntese no texto, tanto em termos visuais quanto temáticos, e nesse parêntese a enumeração cria um mundo particular, ensimesmado, circular e labiríntico. Por tudo isso, correspondendo a esses aspectos espaciais, há uma circularidade também *temporal*. A ornamentação acontece em atemporalidade, como se o tempo tivesse parado ou circulasse em ciclos que se repetem. Assim como a ornamentação grotesca suspende a hierarquia do tema em favor da coordenação assindética (ou ligada pelo conectivo "e") também a enumeração em sua atemporalidade coordenada suspende o fluxo da narrativa e contribui para a sua fragmentação.

O mundo da ornamentação enumerativa é um mundo de equivalências onde as palavras e as imagens se atraem numa

15. É o caso, entre outros, das enumerações de *couillon*, pp. 430-431; de *fol*, pp. 464-467; de *Quaresmeprenant*, pp. 624-625, entre outras (Rabelais, *op. cit.*).

espécie de ordenamento magnético. Por suspender também o tempo, essa ornamentação causa uma espécie de vertigem; os arabescos de palavras parecem nunca acabar, o mundo perde seus limites certos, as dimensões contra as quais medimos nosso corpo e nossas construções – sempre extensões da medida humana – deixam de funcionar[16].

Num mundo assim é apenas natural que também o nível vocabular, em seu microcosmo e à sua maneira, ofereça o mesmo tipo de vertigem e estranhamento. As palavras, elas mesmas, alongam-se, deformam-se e viram "figurinhas" e monstros estapafúrdios (*amygdaloid almonds*, *Goldforgilhisjurylegs*; *couillon d'ébene, couillon de crotesque* etc.).

Como notamos anteriormente, essa atemporalidade é circular. A coordenação e a equivalência dos elementos se inserem num mundo onde não há diacronia, não há evento, só repetição.

Essa suspensão do tempo diacrônico é, aliás, fortemente reforçada na sátira menipéia onde os eventos são constantemente interrompidos, onde a ordem dos acontecimentos não é prioridade narrativa mas sim as distrações do caminho. Um crítico, Alfred Glauser, nota a ocorrência em Rabelais mas não a atribui a uma característica da sátira menipéia. Ele escreve que

> Rabelais poderia ter feito uma obra lírica, uma epopéia, um romance; preferiu todos os gêneros mas *deformados* [grifo nosso]. Não há obra que possa menos se definir quanto ao gênero do que *Gargantua* ou *Pantagruel*. Se ela começa a se parecer com um romance, uma epopéia, um ensaio, Rabelais, pelo cômico, transforma esse gênero e nos encontramos diante de um amontoado de fragmentos[17].

16. Por isso mesmo a mesma sensação de vertigem existe em situações onde perdemos a medida espacial de onde estamos: labirintos, espelhos. A arquitetura dos labirintos assim como a arquitetura monumental nos esmaga. J. L. Borges, como se sabe, explora essas tendências em vários de seus contos, sendo os mais conhecidos "A Biblioteca de Babel", "Os Dois Reis e os Dois Labirintos"; "A Casa de Astérion", para nomear apenas alguns.
17. Alfred Glauser, "Il [Rabelais] aurait pu faire une oeuvre lyrique, une épopée, un roman; il a préféré tous les genres, mais *déformés* [grifo nosso]. Il n'y a

Como se vê, Glauser ao definir a dificuldade de definição de gênero em Rabelais não chega a reconhecer a sátira menipéia cuja fragmentação, deformação e mimetismo (de outros gêneros) encara como defeito. Glauser responsabiliza o elemento cômico pela "fragmentação" da obra de Rabelais e, como já dissemos, falha em reconhecer o gênero de sátira ao qual esse cômico pertence. Ainda outra crítica pode ser feita a Glauser: com o sucesso, a partir de fins do século XVIII, da forma narrativa do romance, as expectativas de grande parte da crítica passaram a usar como parâmetro, essa forma. Se a obra não oferece uma estrutura temporal imitadora da realidade (mimética), se não oferece um enredo congruente, se não cria ilusões psicologicamente críveis nas personagens etc., passa a haver automaticamente uma suspeita de que a obra é irregular e falha. Voltaremos a esse ponto, mais tarde, ao abordar a questão do *Ulysses* de Joyce.

Edwin Duval, pelo contrário, não encontra dificuldade em apontar a fragmentação rabelaisiana como fazendo parte integrante da obra do autor. O crítico, além disso, nota que num comentário autoral que resume certos propósitos do livro, no conceito conhecido como *mise en abyme*, "próximo ao centro mesmo do *Terceiro Livro*, Rabelais deliberadamente representa seu próprio livro como uma história sem esquema, e a si mesmo como um historiador tão tolo e inabilidoso quanto o notoriamente verboso e aborrecido Enguerrand de Monstrelet"[18] [personagem de uma das estórias contadas no *TL*].

Por outro lado, a própria idéia de fragmentação deve ser qualificada, visto que ela também deriva de uma expectativa

pas d'œuvre qui puisse moins se définir quant au genre que *Gargantua* et *Pantagruel*. Si elle commence à ressembler à un roman, à une épopée, à des essais, Rabelais, par le comique, transforme ce genre, et on se trouve devant un amas de fragments" (*Rabelais Créateur*, Paris, Nizet, 1974, p. 97).

18. Edwin Duval, *The Design of Rabelais's* Tiers Livre de Pantagruel ou Panurge, Genève, Droz, 1997, pp. 23-24.

criada pela narrativa ordenadora das formas do romance e é, portanto, parcializada. Em outras palavras, essa mesma "fragmentação" é um conceito relativo. No caso do *Terceiro Livro* de Rabelais, o que vemos é uma estrutura que, se não tem nada de novelesca, por outro lado possui um desígnio organicamente fechado, detectável e reconhecível. A esse respeito, Edwin Duval comenta que

> O *Terceiro Livro* é, de fato, uma peça anômala de escritura heróica e histórica. Mas, contrariamente às suas próprias auto-representações emblemáticas no prólogo e no capítulo 24, não se trata nem de uma montagem ao acaso de partes incompatíveis e nem de uma estória para boi dormir sem objetivos. Seus dois mais conspícuos, autoconfessados defeitos – a incongruência de suas partes e a ausência de um *telos* no fim – são de fato aspectos complementares de um desígnio singular e perfeitamente coerente de uma ordem superior. O começo, meio e fim do *Terceiro Livro* são, de fato, heterogêneos, mas apenas porque o desígnio rigorosamente simétrico e poderosamente centrípeto do livro explicitamente expõe os excursos centrífugos dos extremos em direção à *stasis* centrada no meio. E o *telos*, de fato, falta no fim, mas apenas porque a verdadeira teleologia do livro não corre em direção ao *eventum* final mas para dentro, em direção a um centro de autopossessão[19].

Voltando à enumeração, sabemos que ela é uma das formas de suspensão de eventos; suspensão que traz, dentro de uma circularidade instaurada no texto, os elementos do mundo de fora, em sistema de coordenação, onde nunca haverá dificuldade de encaixe de elementos a mais e onde qualquer objeto ou conceito pode vir a ser esse elemento.

Esse mundo paralelo da enumeração também tem outra qualidade: sua ornamentação cria ou tenta recriar a diversidade e a pluralidade existente no mundo "real". A enumeração busca duplicar a complexidade do mundo real, onde percebemos um número ilimitado de fenômenos e trazer essa complexidade para

19. Duval, *op. cit.*, p. 132.

dentro do mundo verbal. Busca ainda, se continuarmos a explorar essa linha de interpretação, nomear detalhadamente o número de fenômenos, objetos e eventos que vemos diante de nós a cada momento e que, devido a essa mesma complexidade, acabamos selecionando e reduzindo para podermos agir no mundo sem que venhamos a sucumbir ao excesso de estímulos ou de informação. Ocorre que, nesse processo de escolha e redução, no mais das vezes simplificamos demais nossas percepções. Ficamos com o habitual, o conhecido, o clichê. Mas, ao lermos uma lista, uma enumeração, revisitamos o objeto ou o fenômeno em questão, atribuindo a cada elemento uma idéia, uma sensação, uma lembrança.

No trecho sobre o molho verde selecionado no início desse ensaio, embora a acumulação hiperbólica das virtudes do mesmo tenha um efeito crescentemente cômico – quanto mais elementos são trazidos para nos convencer da excelência do molho mais se vê o exagero da alegação – há também ao mesmo tempo um prazer em enumerar todas as partes do corpo, suas funções, e até um orgulho rabelaisiano em fornecer aos leitores um conhecimento tão detalhado e de primeira mão sobre ao corpo humano.

Alguns críticos apontam para o fato de que as enumerações valem por si mesmas, são o que são. Há que discordar dessa visão um tanto estreita citando com os pontos levantados no parágrafo anterior.

Exemplo extremo da resistência quanto ao valor das enumerações são as acusações contra o *FW*. É sabido que parte da crítica joyciana o recebeu friamente como um experimento abstruso. De novo, o problema com o *FW* é tentar encará-lo como um romance, e, pior ainda, como um romance realista nos modelos do século XIX. Nossa tendência é concebê-lo como um grande ornamento, entrecortado de enumerações, citações e pistas visuais. Concebido como um grande ornamento, a "monstruosidade" do *FW* se transforma numa rede densa e exclusiva, sem dúvida labiríntica e babélica, talvez o exemplo mais acabado, em literatura, de ornamentação radical. Joyce sem dúvida admirava o *Livro de Kells*, o famoso manuscrito iluminado do evangelho, em exposição permanente na biblioteca de Trinity College em Dublin. Joyce inclusive incentivava os críticos a buscar tais elementos ornamentativos em sua própria obra.

Sabendo então da preferência de Joyce pelo caráter ornamental das iluminuras irlandesas, encontramos aí um ponto de contato extremamente interessante. Os irlandeses da Antiguidade não fizeram parte do domínio romano e só receberam a evangelização a partir do século V. Em conseqüência disso, a arte que produziram se caracteriza por uma forte independência e originalidade, visto que não utilizaram os modelos greco-romanos, e quando o fizeram, muito mais tarde, impuseram a eles uma leitura bastante independente, resultando daí um hibridismo extremamente vibrante e característico.

A Idade de Ouro da Irlanda produziu, por volta dos anos 800, uma arte ornamental bastante curiosa da qual o evangelho iluminado citado acima é figura de destaque. Dentre outros exemplos de iluminuras há o também conhecido *Evangeliário de Lindsfarne*, que segue o mesmo estilo.

Tendo em vista essa tradição de iluminura ornamentativa, é possível, e aí arriscamos a idéia a partir da similaridade de procedimentos, que os grotescos e arabescos pintados na Antiguidade tenham feito parte de um mundo onde houve alguma forma de contato e de troca. Mesmo que até hoje não tenham sido descobertas provas arqueológicas de que isso tenha ocorrido, não se pode descartar a possibilidade de que, no futuro, poderão ser encontradas.

Comparando-se os grotescos posteriormente pintados no Renascimento, tais como os de Rafael, imitando os modelos das grutas, ver-se-á uma semelhança espantosa de procedimentos em sua recusa de realismo, em sua composição coordenativa e mistura de domínios.

Quando Umberto Eco escreve que

O Livro de Kells.

O Evangeliário de Lindsfarne.

> Numa recusa absoluta ao realismo, proliferando os entrelaçamentos, há um florescimento de formas animais elegantes e estilizadas, multitudes de pequenas personagens simiescas evoluindo no meio de uma folhagem inverossímil, geométrica... não há mais fronteira entre animal, espiral, entrelaçamento: tudo se confunde com tudo[20],

poder-se-ia, se não soubesse que fala do *Livro de Kells*, aplicar sua descrição ao grotesco ornamental tão criticado por Vitrúvio.

É oportuno lembrar aqui a crítica de Vitrúvio ao grotesco. Seu argumento é modelar. Foi repetido na Renascença contra a "barbárie" do gótico, serviu para criticar a pintura abstrata contra a figurativa no início do século XX e serve de base para a crítica que condenou a literatura experimental do início do mesmo século:

> [...] pois aos retratos do mundo real, prefere-se agora pintar monstros nas paredes. Em vez de colunas, pintam-se talos canelados com folhas crespas [...] nos seus tímpanos, brotam das raízes flores delicadas que se enrolam e desenrolam sobre as quais se assentam figurinhas sem o menor sentido[21].

E embora haja uma aparente diferença estilística entre o grotesco continental, tal como o vemos pintado nos exemplos selecionados de Rafael e Agostino Veneziano, não se trata de uma diferença fundamental e há algo da mesma *natureza* perpassando tanto a iluminura irlandesa quanto o grotesco continental.

O *Livro de Kells* é fundamental para Joyce. Ele asseverou a mais de um crítico que estudara a "técnica" desse livro por muito tempo e que chegara à conclusão de que esse específico evangelho iluminado era a coisa mais irlandesa que os irlandeses possuíam. Joyce ia mais além, convidando com essas afirmações

20. Umberto Eco, *L'Oeuvre Ouverte*, Paris, Seuil, 1962, pp. 279 e 280. A versão francesa deste livro contém um ensaio sobre a poética de Joyce: "De la Somme au *FW*".
21. Citado em W. Kayser, *op. cit.*, p. 18.

à interpretação de sua obra baseada nessa relação: "[...] algumas das iniciais maiúsculas [do *Livro de Kells*]... têm a qualidade essencial de um capítulo do *Ulysses*. Vocês podem muito bem comparar certas passagens de minha obra com essas iluminuras complicadas"[22].

James Atherton, num estudo sobre as alusões no *FW*, confirma as palavras acima de Joyce e acrescenta que este acreditava sinceramente que o seu próprio manuscrito (o do *FW*) fosse "o manuscrito de um dos maiores livros do mundo... e assim pelo menos igual, se não superior em importância ao *Livro de Kells*"[23].

J. Campbell e H. M. Robinson também afirmam que Joyce usa o mesmo procedimento das iluminuras na composição do *FW*. Eles dizem que o intrincado meticulosamente executado dos ornamentos profundamente sugestivos desse trabalho dos monges

> [...] lembra muito de perto, em seu caráter essencial, o artesanato do *FW*, de modo que não é inteiramente surpreendente descobrir Joyce descrevendo as características de sua própria obra de arte numa linguagem originariamente usada para descrever aquele monumento da arte celta [o *Livro de Kells*][24].

Aqui está, em jogo de espelho miniaturizado, ou o que a teoria chama de *mise en abyme*, a descrição do *Livro de Kells* encontrada no *FW* e que bem à maneira condensada do livro parodia a si mesmo, comenta a história da sobrevivência do manuscrito e atribui a uncial maiúscula ao personagem-entidade Earwicker:

> *The touchin reminiscence of an incomplet trail or dropped final; a round thousand whirligig gloriales, prefaced by (alas!) now illegible airy*

22. Citado por Eco, *op. cit.*, p. 280.
23. James S. Atherton, *The Books at Wake. A Study of Literary Allusions of the Finnegans Wake*, Carbondale, Southern University of Illinois, 1974, p. 62.
24. J. Campbell & H. M. Robinson, *A Skeleton Key to the Finnegans Wake*, New York, Viking Compass, 1975, p. 103.

plumeflight, all tiberiously ambiembellyshing the initials majuscule of Earwicker[25].

[A tocante reminiscência de um rastro incompleto ou final abandonado; uns mil circulares arabescos gloriales, prefaciados por um vôo de pluma aérea agora (infelizmente!) ilegível, tudo tiberiosamente ambiembelezando as iniciais maiúsculas de Earwicker.]

O comentário, como indicado, vale em espelho. Digna de nota é a referência à descrição das partes ilegíveis do manuscrito e seu mau estado de conservação, pois o livro havia sido enterrado durante uma invasão para ser preservado.

Que relação há, pergunta-se a essa altura, entre os procedimentos do grotesco ornamental e da iluminura e nossa percepção e apreensão do mundo?

Uma das sensações promovidas pelo grotesco é a de estranhamento. Também, a geração de monstros "verbais" criada pelo torvelinho da enumeração chega a uma intensificação verbal não sem conseqüências. Se as imagens verbais criadas através dessa intensificação causam impressões fortes, mesmo quando há uma intenção cômica, tais impressões nos conduzem por um caminho estreito e vão nos depositar diante de um espelho falso do mundo. Começamos a desconfiar que há algo que não se ajusta totalmente entre o mundo e a palavra ou o arabesco. Há algo que sobra e algo que falta. Não é possível ajustar o foco pois o que há de latente nesses pequenos monstrinhos é que eles nos falam de uma instabilidade permanente, eles nos alertam para o fato de que não há pré-arranjo entre mundo e linguagem. Ao transmudarem-se de um reino para o outro – vegetal para o animal, biológico e orgânico para mineral e inorgânico – estão habitando para sempre esse mundo onde nada parece ser o que é e as definições não valem por muito tempo. Por mais paradoxal que possa parecer, essa linguagem mutante do ornamento e do grotesco é a mais adequada para simbolizar um mundo em

25. *Finnegans Wake*, p. 119.

permanente mudança. Se nós desconfiamos da própria linguagem enquanto instrumento transparente de expressão, comunicação e significação, essa linguagem deformada acaba refletindo, para nós, com muito mais realidade, os processos pelos quais a linguagem se mascara e mascara o mundo. O grotesco, então, também nos serve para indicar que nosso estranhamento não tem origem na imagem grotesca ou na linguagem grotesca mas que, pelo contrário, esta capta muito melhor as ambigüidades e relações complexas que mantemos em nossa mediação com o mundo. Nesse sentido, o grotesco, por paradoxal que pareça, é uma das formas mais privilegiadas de *mimesis*.

A imagem do avesso

Outra forma que tendemos a rejeitar e que nos causa estranhamento é a que chamamos de grotesco da imagem do avesso.

Vejamos um exemplo:

FATHER MALACHI O'FLYNN
Introibo ad altare diaboli.

THE REVEREND MR. HAINES LOVE
To the devil which hath made glad my young days.

FATHER MALACHI O'FLYNN
(takes from the chalice and elevates a bloodripping host)
Corpus meum.

THE REVEREND MR. HAINES LOVE
(raises high behind the celebrant's petticoat, revealing his gray bare hairy buttocks between which a carrot is stuck) My body.

THE VOICE OF THE DAMNED
Htengier tnetopinmo Dgo Drol eht rof, Aiulella!
(from on high the voice of Adonai calls).

ADONAI
Dooooooooooog!

THE VOICE OF ALL THE BLESSED
Alleluia, for the lord God Omnipotent reigneth!
(from on high the voice of Adonai calls)
Goooooooooood![26]

[PADRE MALACHI O'FLYNN. *Introibo ad altare diaboli* (Entro no altar do diabo).

O REVERENDO SR. HAINES LOVE. Ao diabo que fez alegre meus dias de juventude.

PADRE MALACHI O'FLYNN (*toma o cálice e eleva uma hóstia pingando de sangue*) *Corpus meum* (Este é o meu corpo).

O REVERENDO HAINES LOVE (*levanta a batina do celebrante revelando suas nádegas cinzentas e peludas no meio das quais está metida uma cenoura*) Meu corpo.

A VOZ DE TODOS OS DANADOS. Anier etnetopino Rohnes Siop Aiulela! (*do alto a voz de Adonai chama*).

ADONAI: Sued (intraduzível trocadilho entre *dog/god*). Dog

A VOZ DE TODOS OS BENDITOS. Aleluia, pois o senhor onipotente reina (*do alto a voz de Adonai chama*) Deus (*god*).]

Este trecho do capítulo 15 de *Ulysses* se passa no bordel de Bella Cohen e corresponde ao episódio de Circe na *Odisséia* de Homero. Corresponde também à carta 15 do Tarot (sistema simbólico que atraiu a atenção de Joyce), a carta do Diabo que representa o apego à materialidade com sua estreiteza moral, a escravidão aos instintos, a inversão de valores e a submissão física e psicológica. Circe transforma homens em porcos, revertendo-os à condição puramente animal da qual haviam saído através do processo civilizatório. Homero em várias partes da *Odisséia* enfatiza a diferença entre civilização e barbárie, como no episódio do ciclope que fere todas as regras de hospitalidade que servem como indício e marca da civilização[27]. Também no episódio de Circe é o processo civilizatório que está em jogo.

26. J. Joyce, *Ulysses*, pp. 583-584.
27. O valor da hospitalidade para com o *xenos* perpassa toda a *Odisséia*, tanto com exemplos positivos quanto negativos de hospitalidade. Dentre os positi-

Circe é a feiticeira da inversão. No redemoinho de imagens e palavras do episódio joyciano, a correspondência é também a de que os homens se rebaixam e se transformam em animais, o mundo em seu centro se decentra e se dissolve mostrando por trás da aparência o antimundo do espelho invertido. A missa ali é negra, deus (*god*) é cão (*dog*). Em camadas teológicas, deus, no mundo não-invertido, é o espírito que a tudo permeia e/ou o criador que se mantém em sua unidade pois é transcendente, conhecendo todas as coisas em todos os tempos. No mundo do avesso, deus se animaliza tanto quanto os homens viram porcos em Homero. O corpo de deus do episódio remete o leitor, por conta da inversão proposital entre *god* e *dog*, a uma referência anterior no livro. Trata-se do corpo de um cão em decomposição que é visto por Stephen na praia (episódio dito Proteu, capítulo 3). Ao corpo transcendente, incorpóreo e imortal de deus corresponde o corpo morto, decomposto e rebaixado do animal. A matéria toma o lugar do espírito, o altar é o do diabo (e voltamos ao simbolismo do Tarot com sua queda, apego material e inversão). A hóstia, sangrando, longe de trazer a comunhão com o transcendente e unir o espírito humano ao divino, revela a matéria exclusivamente: *corpus meum*. Esse corpo individualizado, material é ainda, numa paródia da comunhão, o corpo canibalizado (há aqui diferença entre canibalismo e antropofagia, evidentemente). O centro do universo está ocupado pelo centro da matéria. Por sua vez, nesse mundo do avesso, o centro do corpo, muitas vezes representado pelo umbigo, outras vezes pelo coração, é aqui indicado, para usar a terminologia de Bakhtin, no "baixo corporal"[28]: o ânus. E no centro rebaixado

vos, Nausícaa para com Ulisses, os fócios para com Telêmaco e Ulisses, as atitudes de Atena e Calipso entre tantos outros. Como exemplos negativos, o Ciclope, Circe, e o episódio do abuso de hospitalidade perpetrado pelos pretendentes à mão de Penélope. Em todos os casos negativos, o mal é reparado, conforme a etiqueta e a ética dos tempos homéricos.

28. M. Bahktine, *L'Oeuvre de F. Rabelais et la Culture Populaire au Moyen Age et sous la Renaissance*, Paris, Gallimard, 1976. Ver capítulos V e VI, onde o autor trata do baixo corporal.

há também um elemento invertido: a cenoura que passa de alimento a ser consumido pela boca a objeto a ser introduzido no ânus, entrando por onde sairia depois de digerida. Antes que possam reclamar um elemento homoerótico no episódio, é necessário enfatizar que a cenoura no ânus serve mais como uma visão desafiadora, blasfema e, nesse sentido, mais sadomasoquista, dado o contexto de rebaixamento em que se encontra.

Na voz do avesso do coro dos condenados a única palavra legível é *dog*. Todo o resto inverte a invocação gloriosa das palavras da missa.

Na paródia demoníaca de Joyce, todo o universo se rebaixa e se inverte e essa também é uma forma de apresentar o monstruoso que foi visto com a ornamentação. Nesse nível de imagem grotesca, também há aqui uma transformação do mundo conhecido, ou modelar, que não é produto da imaginação senão secundariamente. Assim como o grotesco ornamental usa de elementos do mundo natural, também esse mundo do grotesco de inversão se aproveita de elementos do mundo conhecido de nossas realidades cotidianas. Para que se faça uma diferença fundamental, não se trata de um mundo "fantástico" ou de sonho, surrealista ou coisa que o valha, mas de um mundo que é "fantástico" apenas na medida em que inverte e rebaixa um mundo que conhecemos. Há que insistir nesse aspecto, visto que é exatamente desse ponto que nasce a sensação de estranhamento que experimentamos com o grotesco. Trata-se de nosso mundo estranhado, aniquilado de forma devastadora por um processo de inversão.

Frazer em *The Golden Bough* descreve a "Messe de Saint Sécaire", que, como acreditam os camponeses da Gascogne, é rezada por um padre quando este quer vingança. "Poucos padres conhecem a missa e três quartos daqueles que realmente a conhecem jamais a rezariam, seja por amor ou dinheiro"[29]. So-

29. J. G. Frazer, *The Golden Bough*, New York, Macmillan, 1926, p. 54.

mente os maus padres ousam rezá-la e, quando o fazem, ninguém pode perdoá-los exceto o papa. Frazer assim a descreve:

> A Missa de São Secário só pode ser rezada numa igreja em ruínas ou abandonada, onde as corujas ali vêm para piar, morcegos voam cegamente na noite, onde ciganos se alojam de noite para dormir e onde sapos se reúnem sob o altar dessacralizado. Ali, o mau sacerdote vem à noite, com sua amante, e à primeira badalada das onze horas começa a balbuciar a missa de revés, e termina justamente quando o relógio bate meia-noite. Sua concubina lhe serve de ajudante. A hóstia que abençoa é negra e tem três pontas; ele não consagra o vinho, mas em vez disso bebe a água de um poço dentro do qual o corpo de um bebê não batizado foi jogado. E faz o sinal-da-cruz no chão e com o pé esquerdo[30].

Notamos que Frazer escreve: "balbuciar a missa de revés", [*mumble the mass backwards*]. Isso pode ser entendido de três maneiras: ou o padre começa a missa pelo final e vai para o começo; ou reza a missa ao contrário, literalmente; ou faz as duas coisas ao mesmo tempo. Essa foi, certamente, a interpretação que Joyce, um ávido leitor de Frazer por sinal, escolheu.

A imagem do reverendo Haines e a cenoura, entretanto, encontra correspondências no mundo das imagens pintadas. Em Bosch, podemos ver vários exemplos, como o monge com uma seta espetada entre as nádegas, ou a uma moça com um maço de flores saindo do ânus.

Coincidência? O universo das imagens pintadas por Bosch retrata, também ele, um mundo estranho, feito de elementos reais que são deslocados, deformados. Nesse mundo também as relações entre os elementos se acham alteradas, o que possibilita a fusão entre seres humanos e insetos ou animais repugnantes, vegetais, ovos, minerais e outras combinações de elementos. Todos eles pertencem ao mundo natural, não são produtos da imaginação. É a relação entre esses elementos que se acha

30. *Idem, ibidem.*

alterada, invertida, espelhada, deformada. Assim como o próprio nome de Pantagruel, que segundo explicação do próprio Rabelais significa tudo alterado[31], também as figuras monstruosas de Bosch fazem parte desse mundo do grotesco ornamental levado a uma radicalidade tão extrema que adquirem um peso psicológico que transcende a própria idéia de "ornamento" para tocar numa percepção profunda das relações entre os seres humanos, a linguagem e o mundo. Da mesma forma, o mundo das imagens invertidas de Bosch é um mundo que escapa à correspondência cristalina e sem resto (no sentido matemático) das operações humanas com a linguagem.

Há também uma coordenação igualitariamente monstruosa nas composições boschianas, na profusão de cenas que se misturam. Também ali os efeitos de atemporalidade e de circularidade temporal se notam ainda com mais veemência. As imagens partilham de um tempo mítico, estão suspensas (mais a respeito disso no ensaio a seguir). A ilustração que reproduzimos aqui do *Jardim das Delícias* exemplifica bem esse universo. No torvelinho de cenas, se quisermos traduzir as imagens em termos de palavras, teremos que acabar fazendo uma lista, uma *enumeração* de palavras monstruosas e alteradas que vão acabar se parecendo em tudo com as enumerações monstruosas e distorcidas de Joyce e de Rabelais. Teremos, da mesma forma, que inventar vocábulos para definir esses monstros, utilizar neologismos, prefixações e sufixações incomuns e acabaremos com palavras esdrúxulas, *mots-valise* e palavras inusitadamente longas. Algo como *moneyed voices* (*UL*, p. 6); *dissectingroom* (*UL*, p. 7); *pseudoed* (*FW*, p. 117); *magistronostralement* (*TL*, p. 369; *emburelucoquée* (*TL*, p. 405); *privysuckatery* (*FW*, p. 177); *lucisphere* (*FW*, p. 239); *verbocination latiale* (*P.*, p. 191).

31. *Pantagruel*, *op. cit.*, p. 180: "car *Panta* en grec vault autant à dire comme *tout*, et *Gruel* en langue hagarène vault autant comme *altere*" [pois *Panta* em grego vale tanto quanto dizer *tudo*, e *Gruel* em língua mourisca vale tanto quanto dizer *alterado*].

HIERONYMUS BOSCH: *O Jardim das Delícias*. Painel central. De c. 1500. Museu do Prado, Madrid.

Leo Spitzer, ao comentar a lista de nomes inventados por Rabelais para denominar seus inimigos, os teólogos da Sorbonne que teimavam em persegui-lo e censurá-lo, quando não colocá-lo na prisão, destaca os seguintes neologismos: *sorbillans*, *sorbonagres*, *sorbonigères*, *sorbonicoles*, *sorboniformes*, *sorboniriques*, *sorbonisans*; e as inversões anagramáticas *niborcisans* e *saniborsans*[32]. A formação dessas palavras se dá por sufixos que de uma forma ou de outra já existiam na língua mas que são acrescentados e misturados a *sorbonne* de forma inusitada e original. Segundo Spitzer, não se pode apenas dizer que Rabelais estivesse querendo alargar o vocabulário da língua francesa ao inventar a "família" *sorbonne*. Para ele, essa fecundidade imaginativa tão freqüente em Rabelais terá uma tendência a tornar-se abissal, atemorizadora, demoníaca. E por quê? É o que sentimos também com as imagens de Bosch. Por que esse efeito Bosch?

Rabelais cria famílias de palavras que representam seres fantásticos e horríveis e que adquirem um estatuto de existência através da língua, como os seres de Bosch através da pintura; mas que fazem parte também de um mundo ambíguo que é ao mesmo tempo real e irreal como o mundo de Bosch.

Para Spitzer, os *niborcisans* são seres aparentados aos *sorbonisans* mas estão tão próximos do nada que causam um efeito cômico e ao mesmo tempo um mal-estar. Ele observa que

> [...] é o cômico grotesco que abre seu abismo. Essas famílias de nomes grotescos, (essas famílias de demônios verbais), Rabelais não as fabrica somente alterando o que existe; ocorre-lhe também deixar intactas as formas de sua matéria-prima verbal e criar por justaposição: ele empilha brutalmente epíteto em cima de epíteto para atingir um efeito final de temor: do bem conhecido surge a forma do desconhecido[33].

32. Leo Spitzer, *Études de Style*, Paris, Gallimard, 1970. pp. 58, 59 *et passim*.
33. *Idem*, p. 59.

"Do bem conhecido surge a forma do desconhecido": orelhas e facas se juntam na imagem monstruosa boschiana: "pardeorelhasfaca". O mundo do grotesco, lembramos, não conhece limites.

Kayser, ao comentar o grotesco verbal em outros autores, confirma a relação que tentamos estabelecer entre Rabelais e Joyce. Ele observa que

> [...] ainda não foi escrita a história deste estilo que desponta tão intensamente em Rabelais e Fischart; se tivesse sido emergiria muita coisa que foi ou deveria ter sido mencionada em nosso contexto. As linhas daí resultantes levam, através de Shakespeare, Grimmelshausen e da Commedia Dell'Arte, a Sterne, Jean-Paul e mais adiante a James Joyce[34].

A imagem-deformação

O nascimento de Gargantua e a descrição do "Cidadão" no *Ulysses* de Joyce, trechos que reproduzimos no início desse ensaio, são exemplos de "impropriedades" literárias e reais. O grotesco abala não apenas os limites da língua, mas de certos setores lógicos da linguagem também.

Victor Hugo ressalta que a idéia do grotesco é um princípio que pode levar tanto para o lado cômico como para o lado do horrível e do disforme[35]. Em Rabelais e em muitos aspectos de Joyce, vemos fundidas as duas formas. O disforme muitas vezes assume o papel da gigantificação. O horrível e o cômico se fundem e o resultado é um mundo onde as relações e as formas se assentam de maneira ambígua e estranhada.

O parto de Gargamelle, como a missa no bordel em *Ulysses*, sofre uma inversão que se dá num registro cômico bem diferente do mundo demoníaco invocado por Joyce em "Circe". A própria circunstância do nascimento de Gargantua é ambígua, pois Gargamelle começara a suspirar, a lamentar-se e a

34. Kayser, *O Grotesco*, p. 132.
35. Victor Hugo, "Préface", em Victor Hugo, *Preface de Cromwell*, Paris, Larousse, 1971, p. 45.

gritar e todos pensaram que se tratava das dores do parto que haviam começado. Não era. Ao ser examinada pelas *saiges femmes*, descobriu-se que por ter comido muita dobradinha (*tripes*) passava mal do intestino e a dor provinha do final do intestino que lhe parecia cair ([*le*] *fondement qui luy escappoit*). No entanto, depois da aplicação de uma constrição (*restrictif*), efetivamente nasce Gargantua e as dores ambivalentes de Gargamelle acabam sugerindo uma dupla interpretação. À deformação ambígua desse primeiro caso-limite, entre dor uterina e de parto e dor de barriga, junta-se outra deformação-limite: o nascimento de Gargantua pela orelha. A fusão de domínios – oral, genital e anal – é clara e a ela vem juntar-se também uma amalgamação de linguagens que permite, por exemplo, que a "legitimidade" do nascimento inusitado de Gargantua seja justificada a partir do emprego de uma terminologia acima de qualquer suspeita, já que vem da medicina e é detalhada em sua descrição anatômica.

É a mesma mistura de domínios que abole os limites entre os mundos animal, vegetal e mineral na descrição do "Cidadão" em *Ulysses*: joelhos como montanhas de pedras, narinas que abrigam ninhos de passarinhos, olhos que entre uma lágrima e um sorriso lembram as dimensões de couves-flores.

A deformação da imagem grotesca tem para M. Baraz uma correspondência de propósitos com a própria Natureza, pois ela também joga o jogo do "tout déformer pour tout transformer"[36].

É através do exagero, da ultrapassagem dos limites, da deformação que o grotesco nos mostra que o mundo, os seres e a linguagem não têm realidade estável. Tudo é impermanente, transitório, passageiro e pode, assim, participar da renovação perpétua da Natureza.

Seria legítimo, então, identificar nas imagens grotescas uma variedade de procedimentos que as tornariam articuláveis com outros processos imagéticos como aqueles criados pela poesia e pelo

36. Michael Baraz, *Rabelais et la Joie de la Liberté*, Paris, José Corti, 1983, p. 72.

mito, por exemplo (e voltaremos a isso em outro lugar). A imagem grotesca não é seletiva, por isso transborda todos os limites. Gigantifica-se, deforma-se, inverte-se. O grotesco verbal segue de perto o caminho das imagens. Na gigantificação: "bababadalghreraghtakmminarronnkonnbronntonnerontuonnthuntrovarrhounawnskawntoohoohoordenthurnuk" *(FW*, p. 3).

Na deformação: "Shize? I should shee! Macool, Macoal, ovra whyi deed ye diie?" (*FW*, p. 6).

Na deformação gráfica: "THan or less thAN" (*FW*, p. 298).

Na inversão: "Paa lickam, apl lpa" (*FW*, p. 298).

Na mistura de línguas: "The ballad of Perse O'Reilly" (*FW*, p. 44 (trocadilho com *perce-oreille* em francês).

Essa variedade conduz a uma polivalência tanto verbal quanto imagética. Vejamos o seguinte trecho:

> *Je vois que les callibistrys des femmes de ce pays sont à meilleur marché que les pierres. D'iceulx fauldroit bastir les murailles, en les arrengeant par bonne symméterye d'architecture et mettant les plus grans au premier rancz, et puis, en taluant à doz d'asne, arranger les moyens et finablement les petitz, puis faire un beau petit entrelardement, à poinctes de diamans comme la grosse tour de Bourges, de tant de bracquemars enroiddys que habitent par les braguettes claustrales*[37].
>
> [Estou vendo que as *callibistrys* das mulheres dessa região custam mais barato que as pedras. Com elas eu construiria muralhas, arranjando-as em boa simetria de arquitetura, pondo as maiores na primeira fila e depois, invertidas, as médias e finalmente as pequenas, depois as entrelaçaria em ponto de diamante como a grande torre de Bourges, com as espadas rígidas que habitam nas braguilhas claustrais.]

Usualmente visto como um trecho obsceno, Rabelais ou, melhor, Panurge nele propõe que, já que as partes íntimas das mulheres em Paris custam menos do que as pedras, seria me-

37. *Pantagruel*, p. 233.

lhor construir um muro para proteger a cidade com essas mesmas partes. A ironia está em que é a virtude dos cidadãos que defende melhor uma cidade e não as armas.

Entretanto, há uma diferença fundamental entre a univocidade característica da obscenidade e da pornografia, cujo grafismo tem por finalidade uma só significação, e a plurivocidade do trecho em questão. O que incomoda aí, em nosso entender, é muito mais o grotesco da *imagerie* construída pouco a pouco de um amontoado de difícil visualização: um muro de órgãos genitais dos mais variados tamanhos entrelaçados e deixados às moscas (como ele bem o indica na continuação da imagem, falando do cheiro que atrairá sem dúvida os insetos). Aí operam todos os processos sob exame até então: ornamentação, avesso, inversão e deformação. A deformação também incorpora o elemento de gigantificação: a monstruosidade deformada de uma muralha construída de órgãos genitais. Há infração e ultrapassagem de limites entre os mundos, amálgama de mundos: humano e mineral. Além desses desdobramentos, o trecho se inclui numa sátira que vai do cômico absurdo à mais inesperada ironia, visto que o "raciocínio" ou, melhor, o *rationale* que leva a tal sugestão se funda em dois silogismos: primeiro, os órgãos genitais das mulheres da região custam menos do que as pedras com as quais usualmente se fazem os muros de proteção às cidades; portanto, por que não usar o material mais barato? Segundo, como bem diz o provérbio espartano, é a virtude dos cidadãos que defende uma cidade e não seus muros de pedra: "les villes et citéz ne sçauroyent avoir muraille plus seure et plus forte que la verty des citoyens et habitans"[38]. No caso, temos aí a literalização irônica da virtude das mulheres da região, que as vendem aos que buscam a satisfação de seus desejos sexuais.

Para Baraz, há um procedimento poético na construção da imagem da muralha, pois ela aproxima com ousadia os elemen-

38. *Idem, ibidem.*

tos mais diferenciados e acaba por transfigurar esses mesmos elementos quando em relação inusitada uns com os outros. Sem dúvida, há uma similaridade de procedimentos entre a liberdade poética e a construção da imagem em Rabelais, mas, em nosso entender, não a ponto de uma "transfiguração" dos elementos. Pelo contrário, a imagem tem sua força justamente porque não há transfiguração dos elementos. O que há é um deslocamento da função meramente visual (que poderia, se tomada isoladamente, ser considerada como "obscena" por leitores conservadores) para uma zona de instabilidade criada pela conjunção da sátira e da ironia que são, aliás, a base silogística de onde a mesma imagem tem origem, daí a completa futilidade da discussão sobre a alegada pornografia do trecho. Concordamos, porém com Baraz quando ele escreve que

> [...] essa liberdade excepcional da imaginação coexiste com uma intenção satírica precisa: esta imagem é ricamente polivalente, o que contribui para criar um universo muito diferente daquele do realismo plano que caracteriza a pornografia[39].

A imagem literal

A frase que sustenta o trecho que acabamos de examinar em Rabelais, ou seja, que sustenta a sátira e a ironia, como já dito acima, é da ordem de um silogismo lógico: se as *callibistrys* das mulheres são mais baratas que as pedras, por que, então, não construirmos muralhas com elas. Como também foi frisado acima, essa imagem só é possível porque houve uma literalização do silogismo.

Esse procedimento, tão comum no cômico, é, sem dúvida, também muito utilizado por Rabelais. A linguagem figurada serve de baliza ao uso literal da mesma forma como a linguagem e o estilo tendem a servir de baliza à paródia.

39. Baraz, *op. cit.*, p. 179.

A literalização também pode ser encarada como um dos recursos do grotesco, pois ela ajuda a apagar as fronteiras entre os mundos, acentua a monstruosidade dos elementos e pode facilmente resvalar para o demoníaco, como vimos no exemplo da missa de Joyce. A literalização também instaura uma polivalência. A *Metamorfose* de Kafka é um bom exemplo de imagem grotesca literalizada, sem comicidade, cujo vértice aponta para a ironia quase insuportável da vida angustiada de Gregor Samsa. Na literatura popular e de horror, também o uso da literalização com vistas a causar medo e asco é um recurso sempre à mão: mulheres-aranha; homens-morcego etc.

Há que fazer aqui uma diferenciação entre o uso da literalização enquanto recurso literário, poético, visual e artístico e o mero emprego de imagens literais em situações literais por mentes literalistas.

Dito isso, uma das formas criativas de uso do procedimento da literalização em Rabelais pode ser encontrada no emprego dos provérbios. Gargantua na adolescência,

> *[...] se couvroyt d'un sac mouillé... crachoyt on bassin... battoyt à froid, songeoyt creux, faisoyt le sucré, escorchoyt le renard, disoit le patenostre du cinge, retournoyt à ses moutons, tournoyt les truies ao foin, battoyt le chien devant le lion, mettoyt la charrete devant les bœufs, se grattoyt ou ne luy demangeoyt poinct, tiroit les vers du nez, trop embrassoyt et peu estraignoyt, mangeoit son pain blanc le premier, ferroyt les cigalles... faisoyt gerbe de feure aux dieux... mangeoyt chous et chioyt pourrée...*[40].
>
> [...fazia tempestade em copo d'água, comia mortadela e arrotava peru, semeava vento e colhia tempestade, contava um conto e acrescentava um ponto, de grão em grão enchia o papo, cantava para seus males espantar, apanhava moscas com vinagre, amava o feio que bonito lhe parecia, via cara e não via coração, queria tudo e tudo perdia, não arriscava e não petiscava, metia a carroça diante dos bois...][41].

40. *Gargantua, op. cit.*, pp. 37-38.
41. Não é possível uma tradução literal do trecho, pois provérbios variam de língua para língua, mas podemos criar uma equivalência.

PETER BREUGEL, O VELHO: *Griet ou Margarida, a Louca.*

A enumeração quase interminável ajuda a compor o absurdo das imagens que surgem à medida que um provérbio sucede o outro. Se tentássemos compor um quadro a partir dessa série de literalizações, o que nos vem certamente em mente é Breugel. Também Breugel usou do mesmo procedimento ao compor alguns de seus quadros. Sabe-se que por muito tempo as imagens de quadros como *Dulle Griet* (*Greta, a Louca*) e *Os Provérbios Holandeses* foram tidas como enigmáticas, símbolos de uma época cuja chave de interpretação havíamos para sempre perdido, ou, hipótese ainda mais complexa, símbolos de uma estilística pessoa inacessível. Depois, descobriu-se que Breugel usara como recurso imagético a literalização dos provérbios, empregando-os em sua acepção mais direta, como expressões fixas que são, até mesmo como clichês desgastados, e o resultado é semelhante ao obtido por Rabelais: um mundo do avesso.

É certo que o efeito cômico em Rabelais é mais facilmente comunicado do que em Breugel, já que a grande maioria dos provérbios que usa ainda são reconhecidos. Em equivalência com o português, seria o mesmo que dizer que Gargantua em sua adolescência punha a carroça diante dos bois, matava dois coelhos com uma só cajadada, ia buscar lã e saía tosquiado etc. Já no caso de Breugel, embora alguns de seus provérbios também tenham sobrevivido, a própria literalização em sua força visual os redefiniu: o conhecido tornou-se desconhecido; o mundo habitual das formas fixas do provérbio torna-se um mundo estranhado e do avesso graças ao procedimento da literalização. No quadro, pode-se "ler" provérbios tais como "uns tosquiam ovelhas, outros, porcos"; "trazer cestos de luz para a luz do diabo"; "o porco foi morto pela barriga"; "confessar-se com o diabo"; "cobrir o marido com a capa azul" etc.

A mesma lógica funciona em *Dulle Griet*, composição que pode ser também associada ao provérbio "Geld wie dreck" (dinheiro como merda). *Jogos Infantis* evidentemente não necessita do procedimento, entretanto Breugel utiliza o recurso enumerativo e ornamental em sua composição. Ali, o estranha-

PETER BREUGEL, O VELHO: *Os Provérbios Holandeses*.

mento nos vem do fato de que todos no quadro jogam seriamente. Nenhuma criança sorri, como foi apontado por diversos críticos.

Walter S. Gibson lembra que o papel reservado aos provérbios na época de Breugel e Rabelais não é, de maneira nenhuma, o mesmo de nossa sociedade moderna. Para nós, os provérbios representam frases de uma sabedoria caseira de pouca relevância. Porém, desde a Antiguidade até mais ou menos o século XVII, os provérbios representavam expressões de verdades universais e sua forma críptica ou metafórica apenas aumentava o seu valor. Gibson escreve que

> [...] essa ancestralidade nobre assegurou o uso contínuo dos provérbios durante toda a Idade Média, mas sua popularidade parece ter alcançado o topo durante o século XVI. Lutero e Erasmo usaram provérbios copiosamente; Rabelais freqüentemente empilhava parágrafos inteiros de velhos ditados para efeito cômico em seu *Gargantua e Pantagruel*[42].

A transformação dos provérbios em imagens visuais também consistia numa prática antiga que abrangia desde manuscritos iluminados e decorações em igrejas a xilogravuras. Dentre estas, era comum que tais gravuras acompanhassem um poema cujo conteúdo estava relacionado a um ou a vários provérbios. Gibson também chama atenção para o paralelo entre essas imagens e o *Quinto Livro* de Rabelais, onde um grupo de oficiais do rei representam provérbios de forma teatral. Essa obra, que Rabelais havia deixado inacabada, fora publicada postumamente em 1564, cinco anos depois dos *Provérbios Holandeses*. Portanto, não é possível afirmar que Rabelais tenha influenciado Breugel. Como descreve Gibson, a referência imediata para a composição do quadro foi provavelmente uma gravura de Frans Hogenberg[43]. O que importa ressaltar, entretanto,

42. Walter S. Gibson, *Bruegel*, London, Thames & Hudson, 1995, p. 65.
43. *Idem*, p. 71.

é a cultura comum partilhada tanto por Rabelais quanto Breugel, e à qual também havia pertencido Bosch.

O tratamento dado aos provérbios por Rabelais e por Breugel, ainda, traz em si uma característica essencial do grotesco que é a suspensão das ordenações geradas por uma linguagem que se tornou tão habitual que já não produz ou recupera significado.

O elo da anatomia

A sátira menipéia ou anatomia, como já foi observado, é um gênero que convida à livre combinação dos elementos. Por acontecer em vários níveis, essa fusão pode gerar formas menos evidentes. A noção de que esse gênero podia consistir numa tradição à parte é muito antiga. Numa coleção de 1593, *Abreggé et l'Âme des Estatz Convoquéz en l'An 1593* e que no ano seguinte, 1594, aparece com o nome de *Satyre Ménippée*, Rabelais é citado como um dos autores contemporâneos que utilizam a tradição:

> [...] e Varrão, imitando, fez o mesmo em prosa, como antes Petronius Arbiter e Luciano, na língua grega, e depois dele, Apuleio, e em nosso tempo, o bom Rabelais que ultrapassou a todos os outros em achados e belos trechos se deixarmos de lado as expressões de taverna e as sujeiras de cabarés[44].

Como aponta Guy Demerson, era corrente no século XV a prática do *prosimetrum*, a mistura de prosa e verso, e obras como *Trônes*, *Triomphes, Chapelets, Temples*, abstrações personificadas, formas alegóricas desenvolvem um discurso que Rabelais copiou em várias partes de sua obra, tal como o episódio da Abadia de Thélème. Modelado no *Temple de Cupido* de Marot (1515), que, segundo Demerson, é um

44. Citado por Dorothy G. Coleman, *Rabelais: A Critical Study in Prose Fiction*, London, Cambridge Press, 1971, p. 86.

> [...] verdadeiro *pot-pourri* de formas [de] diversas composições poéticas... o prosipoema evolui para a versificação total... em cada livro de Rabelais, versos são colocados na prosa da Crônica pantagruélica; o próprio Rabelais pediu ao impressor que restabelecesse a disposição original de octossílabos que haviam sido transpostos sob a forma de prosa[45].

Para Demerson, tanto o uso da fusão da sátira menipéia como o uso do *prosimetrum* dão à Rabelais a possibilidade de levar a cabo "o grande projeto de seus contemporâneos, o de uma 'obra total', onde não somente a prosa se encontraria 'ritmada', mas também onde toda a linguagem se 'poetizaria'"[46]. Rabelais foi um leitor atento das obras desses poetas e conhecia também os repertórios que acompanhavam os tratados de versificação.

A anatomia, sendo extremamente flexível do ponto de vista da estrutura ficcional, acaba facilitando um falso problema que é o da questão narrativa. Como foi visto com Rabelais, é comum aos críticos, sobretudo aqueles condicionados por dois séculos de romance, encarar como pontos fracos ou mesmo defeitos certas características narrativas próprias da sátira menipéia. A idéia de uma narrativa fragmentada, pontuada por interrupções de todo o gênero, é um desses alvos. O uso de erudição enciclopédica – que vem colado ao processo de enumeração, mas que não depende inteiramente dele – é um outro ponto contencioso. Encarando o *Ulysses* como um romance apenas, a crítica joyciana, julgando-o pelos parâmetros estreitos dessa forma narrativa, vai obviamente encontrar irregularidades nesses pontos.

Edmund Wilson observa que Joyce negligencia a ação, a narrativa e o drama, oferecendo uma tremenda vitalidade em *Ulysses* mas muito pouco movimento. Se, para os primeiros críticos do livro, este lhes parecia fluido ou caótico demais, para Wilson, Joyce tentou pôr

45. Guy Demerson, *L'Esthétique de Rabelais*, Paris, Sedes, 1996, p. 98.
46. *Idem, ibidem.*

> [...] coisas demais no Livro. Qual o valor de todas as referências a flores no capítulo dos Lotófagos, por exemplo. Não criam, nas ruas de Dublin, uma atmosfera de lotofagia: ficamos a perguntar... por que razão Joyce decidiu fazer Bloom pensar e ver certas coisas cuja explicação final é a de que são pretextos para mencionar flores. E as *gigantescas interpolações* [grifo nosso] do episódio do Ciclope não malogram nos seus objetivos ao tornar impossível que acompanhemos a narrativa?[47]

Vemos na crítica de Wilson um exemplo da limitação que apontamos também em certa crítica a Rabelais. O que Wilson considera "defeitos" em Ulysses – falta de movimento, excesso de referências e enumerações – são, precisamente, características da anatomia ou sátira menipéia. A crítica acima citada também denota uma falta de intimidade com os gêneros pouco conhecidos e pouco praticados anteriores à preponderância do romance. Quanto às *gigantescas* interpolações, nada mais coerente com certos procedimentos do grotesco que estão, tanto em Joyce quanto em Rabelais, imitando ao nível vocabular, em microcosmo, o gigantismo que tematicamente pertence às obras e ao mundo do grotesco.

Há, portanto, na crítica de Wilson, não apenas uma limitação em compreender os parâmetros da sátira menipéia, mas também uma falha em relacionar à tradição ficcional de certa origem a intenção do grotesco.

Wilson segue na mesma linha excluindo qualquer *interferência* estranha que ponha em xeque a forma novelesca: "Se prestarmos atenção às paródias, perderemos o enredo, e se tentarmos seguir o enredo, não poderemos apreciar as paródias"[48]. Aqui, vemos que o "problema" do livro está em não avançar o "enredo" por causa do "ruído" trazido pela paródia. Esse tipo de observação crítica mostra mais do que qualquer outro o condicionamento novelesco e as expectativas do crítico com relação à obra. Nada pode atrapalhar a sacralidade do enredo e da ação num romance.

47. Edmund Wilson, *O Castelo de Axel*, São Paulo, Cultrix, 1985, p. 151.
48. *Idem*, p. 152.

Podemos concordar com Wilson quando se opõe ao excesso de técnica usado por Joyce no *Ulysses*; o que pode levar e muitas vezes leva a um mecanicismo. Mas essa observação não cabe, por exemplo, na crítica às enumerações de flores ou ao gigantismo do episódio do Ciclope, como algo que impeça o acompanhamento da narrativa porque no caso do Ulysses não há uma *hierarquia* na obra obrigando que o enredo e a narrativa tenham que ocupar lugar privilegiado. Se lembrarmos do comentário de Joyce sobre a relação entre o *Ulysses* e o *Livro de Kells*, poderemos constatar que tais enumerações e gigantismos estão aí justamente por causa do efeito intrincado que produzem. Se a estrutura do romance é uma estrutura de hierarquias, como as composições em perspectiva e de cena privilegiada na pintura, então a estrutura da sátira menipéia e, dentro dela, a estrutura do *Ulysses* é uma estrutura de coordenação, como a ornamentação do grotesco e do *Livro de Kells*, ou ainda como as composições abertas e por acumulação de Bosch e Breugel, ou, para citar artistas posteriores, como Miró e Kandinsky.

Uma outra analogia pode ser desenvolvida entre esse tipo de desenvolvimento ficcional e a polifonia, que numa simultaneidade de sons trabalhados horizontalmente segue a lógica das vozes muito mais do que a hierarquia da harmonia do sistema tonal. As vozes independentes seguem as leis do contraponto e se cruzam num conjunto auditivo que não privilegia "temas" musicais mas o conjunto sonoro que se desenvolve no tempo[49].

Se Wilson aponta dois elementos fundamentais da sátira menipéia como se fossem empecilhos para a plena realização da narrativa é porque, como já foi dito, seu ponto de vista se baseia na percepção e compreensão da obra como se fosse um romance e não um gênero híbrido. Frye quando discute o *Ulysses* em sua teoria dos gêneros o aponta como exemplo de obra que lança mão de quatro tipos ficcionais combinados sem

49. É esse o propósito, aliás, do episódio das Sereias, no *Ulysses*, onde Joyce procura imitar verbalmente a estrutura musical da fuga.

que haja preponderância de um sobre o outro. São eles o romance, a estória romanesca, a confissão e a anatomia[50].

Embora tendo a mesma impressão de obra "informe" (essa extrema variedade de métodos é uma das razões da dificuldade de encarar o *Ulysses* como um *todo*), Walter Allen[51], contudo, afirma que

> [...] a primeira coisa que precisamos sublinhar, me parece, é que, por mais que ele seja também outra coisa, Joyce é um grande escritor cômico, um escritor cômico da qualidade de Rabelais e Sterne. Em minha opinião esse é o ponto de partida mais útil para abordá-lo[52].

Harry Levin segue, entretanto, a mesma linha de crítica de Wilson. Para ele, por exemplo, "o episódio das Sereias está muito abarrotado de *verbiage* [grifo nosso] para ser efetivo e excessivamente *fragmentado* [*broken up*, grifo nosso] para ser uma fuga autêntica"[53]. De novo, a crítica ao excesso verbal e à fragmentação, embora Levin aí ache que a fragmentação do episódio não corresponda à forma musical da fuga, que Joyce havia reivindicado como forma que estrutura o episódio.

Rabelais não tem melhor sorte com a crítica. O "abuso" que faz do procedimento da enumeração é um exemplo. A lista de acusações nos é apresentada por Jean Paris, que selecionou uma série de críticos que, em geral, acusaram Rabelais de procedimentos irregulares. Embora Paris não comente os casos com relação à sátira menipéia especificamente – seu objetivo é mostrar a rigidez da crítica em geral a Rabelais por ser um escritor cômico e, por isso não poder ser levado a sério.

> Rabelais abusa do procedimento pouco cômico da *enumeração* [grifo nosso] [Doumic].

50. Frye, *Anatomy of Criticism*, p. 308 *et passim*.
51. Walter Allen, *The English Novel*, London, Pelikan Books, 1976, p. 357.
52. *Idem*, p. 352.
53. Harry Levin, *James Joyce: A Critical Introduction*, New York, New Direction, 1941, p. 184.

> A falta de preocupação com as *proporções* [grifo nosso] ... o abandono completo do escritor à sua inspiração criadora... [Jacques Boulenger].
>
> Kyries de palavras desprovidas de sentido que nunca tiveram o menor sabor e que, para nós, perderam a graça [Pierre Villey][54].

Pierre Jourda que editou Rabelais para a Garnier (assim como Boulenger, citado acima, que o fez para a Pléiade da Gallimard) também se junta ao coro. Partindo da premissa já falaciosa de que *Gargantua* e *Pantagruel* são construídos com o mesmo plano tradicional dos romances de aventura, Jourda aponta em Rabelais muitos defeitos:

> A obra inteira se ressente do fato de ter sido composta sem um plano preconcebido, de ter sido escrita em grandes fragmentos independentes, em intervalos longos, sem que jamais o escritor tenha obedecido à preocupação de construir e equilibrar um conjunto[55].

Embora Jourda toque num ponto delicado e tenha razão ao observar que Rabelais escreveu seus livros com longos intervalos entre uns e outros (sobretudo o *quarto* e o *quinto*, este deixado inacabado), não se pode imputar ao autor o que é da necessidade do crítico. Voltando ao ponto: é da necessidade formada por uma mente acostumada à forma coesa do romance que se origina a crítica de Jourda e de outros críticos a Rabelais, o mesmo se passando com Joyce e com outros autores que também incursionaram pela forma da sátira menipéia[56]. Em nenhum

54. Jean Paris, *Rabelais au Futur*, Paris, Seuil, 1970, p. 63.
55. Pierre Jourda, "Introduction", em F. Rabelais, *Oeuvres Complètes*, Paris, Garnier, 1962, tomo 1, p. XXXVIII.
56. Sem entrar em muitos detalhes quanto a outros escritores, basta mencionar, por exemplo, o bem conhecido prefácio de Machado de Assis às *Memórias Póstumas de Brás Cubas*, onde o próprio autor, num redobramento irônico, menciona Capistrano de Abreu que questiona se as "memórias" escritas por Brás podem ser consideradas como um romance ou não: "Capistrano de Abreu, noticiando a publicação do livro, perguntava: *As Memórias Póstumas de Brás Cubas* são um romance? [...] Ao primeiro respondia já o defunto Brás Cubas

momento de sua crítica Jourda se refere à sátira menipéia ou demonstra que Rabelais faz parte dessa tradição. Para o autor, uma "boa" obra de literatura deve obedecer a um plano preconcebido e demonstrar clareza, equilíbrio e concisão. Ora, esse é o modelo clássico francês por excelência. Ao exagero, à deformação, à fragmentação, ao enciclopedismo, à exposição de idéias Jourda reage com reprovação:

> Como não constatar que Rabelais não sabe mais onde parar num desenvolvimento e que não sabe construir um conjunto?[57]

Ou ainda:

> [...] ele larga o freio e deixa a verve comandar seu imenso saber. Daí os inúmeros episódios mal-ajustados ao conjunto, daí os trechos abusivamente longos – e exibição de uma erudição fatigante e intemperativa. O intrincado verbal de sua obra só se iguala ao pedante[58].

E mais:

> [...] abundância de palavras, abundância de exemplos, pesquisa sistemática de uma retórica ciceroniana, incontinência ou pedantismo, tais defeitos não são pequenos. O que dizer, enfim, da grosseria de Rabelais...[59].

(como o leitor viu e verá no prólogo dele que vai adiante) que sim e que não, que era romance para uns e não o era para outros" [São Paulo, W. M. Jackson, 1957, p. 7]. Machado, dessa maneira, aponta a tradição da sátira menipéia enquanto forma modelar de suas *Memórias*. Em nosso entender, Machado assim escreve para ao mesmo tempo orientar seu público para a tradição certa e desviar as críticas certeiras daqueles que procurariam aí "apenas" um romance. Machado aponta para a forma híbrida de sua composição. Para mais detalhes, ver o artigo da autora deste livro, "*For What Have You Called Me?* Some Observations on the Treatment of Individual Consciousness and Darwinisticism in Machado de Assis". Publicado pelo periódico do Centre for Brazilian Studies, University of Oxford, UK. Available at http:// www.brazil. ox.ac.uk/ oliver39.pdf (April 2003).

57. *Idem*, p. xxxviii.
58. *Idem*, p. xxxix.
59. *Idem*, *ibidem*.

Aqui, Jourda incorpora a seu rosário de críticas ainda outra característica da sátira menipéia que é o uso da linguagem de *bas-fond*. Com a banalização sistemática do palavrão graças aos filmes americanos a partir dos anos setenta e hoje em dia com a indústria do *rap*, já esse tipo de crítica de "obscenidade" parece não fazer muito sentido, mas não nos enganemos. Com a ressurreição vingativa dos fundamentalismos religiosos tanto nos Estados Unidos quanto no Oriente Médio, com ortodoxias cristãs, judias e muçulmanas lutando pela primazia de matar em nome de seus deuses, a questão está, novamente, aberta. O que parece banal numa sociedade secularizada pode rapidamente se tornar perigoso e censurável em sociedades teocráticas. O próprio Joyce sofreu censura nos Estados Unidos, acusado, precisamente, de obscenidade com seu *Ulysses*. Sistematicamente autores controvertidos, ou simplesmente mal-entendidos[60] são colocados no *index* e banidos.

A obra de Rabelais, em seu país de origem, obteve, por muitos séculos, uma recepção mista. Durante quase trezentos anos sua obra, embora reconhecida por uma minoria, não foi devidamente examinada pela crítica. A razão estando no fato de que Rabelais, por ser um escritor cômico, não poderia ter sua obra comparada com as grandes epopéias e tragédias. Sabe-se que o humor não angaria gravidade suficiente em certas áreas do saber. O estilo e a invenção vocabular de Rabelais – que em sua liberdade imaginativa só tem equivalente em Shakespeare – foram menosprezados completamente, a ponto de se espalhar o rumor (Ronsard, entre outros) de que Rabelais escrevia bêba-

60. É o caso recente de censura do "Rape of the Lock" ["O Roubo da Madeixa"] de Pope, por causa da palavra *rape* [que significa "roubo", mas que vale também para a palavra "estupro"] no Paquistão, em 2003, pelo comitê de polícia religiosa da universidade da capital, entre tantos outros casos idênticos. Outros exemplos igualmente censórios são fornecidos por grupos de pressão politicamente corretos, como os que quiseram banir *Huckleberry Finn* de Twain do *curriculum* das escolas por conter a palavra *nigger*. Para outros incontáveis exemplos, ver *sites* especializados.

do e em tavernas, confundindo autor, narrador e tema numa só lenda. Mesmo hoje em dia, são pouquíssimos os artigos e livros que lidam em detalhe com o estilo peculiar, original, e dificílimo de Rabelais. Só foi em meados do século XIX, com Hugo, que Rabelais começou a ter a respeitabilidade que merece[61]. Rabelais reúne uma série de "desregramentos" que fizeram e ainda fazem de sua obra um ímã para atrair críticas e dentre os elementos desregrados está o uso da maioria dos elementos da sátira menipéia aliados ao extensivo uso do grotesco.

É a conjunção entre a sátira (anatomia) e o grotesco, com seu desafio dos limites e propositado uso da desproporção que Rabelais e Joyce usam, cada um a sua maneira, que dá origem a essa resistência. Junto a isso, há o desafio à norma clássica de clareza e transparência no uso da linguagem. A sátira menipéia é um procedimento que permite desafiar essa transparência. Ela o faz através de várias maneiras. Dentre elas o uso da paródia, da erudição e do enciclopedismo, o uso de estruturas episódicas ou seriadas, e finalmente através do uso particular e corrosivo da ironia e do humor.

Em Rabelais e em Joyce, embora não o façam de forma teórica ou explícita, nota-se uma constante meditação quanto ao papel, uso e representação da linguagem. Não se trata apenas de estender os limites das línguas com o uso de deformações, enumerações e grotesco verbal com seus monstros. É que, ao lançar mão desses recursos, ambos os autores estão sinalizando vários fatores ligados à linguagem: sua convencionalidade, sua arbitrariedade, sua duplicidade, plurivocidade, ambigüidade, seus usos sociais e culturais. No episódio das palavras descongeladas no *Quarto Livro* das aventuras de Pantagruel, que trataremos mais adiante, Rabelais torna evidentes essas preocupações.

61. Para mais detalhes ver M. de Diéguez, *Rabelais*, Paris, Seuil, 1960; Lazare Sainéan, *L'Influence et la Réputation de Rabelais*, Paris, J. Gambier, 1930, 2 vols. Sophie Rochefort-Guillouet (ed.), *Analyses et Réflexions sur Rabelais*, Paris, Ellipses, 2003. *The Rabelais Encyclopedia*, editada por Elizabeth Chesney Zegura, Westport, Greenwood Press, 2004.

O grotesco, com suas deformações, leva a casos de hipérbole e gigantificação. Como já foi visto, esses casos são muitas vezes verbais: palavras deformadas, inusitadas, enormes. Nos casos em que há enumeração, a gigantificação e o exagero ficam por conta do tamanho. Mas há casos de deformação ainda mais radicais ou sutis. A própria forma paródica, no contexto da relação entre sátira menipéia e grotesco, assume um papel grotesco. A paródia, quando usada na sátira, ao mesmo tempo imita e rebaixa seu modelo. Ao proceder assim, acaba invertendo esse mesmo modelo e o faz de uma forma intrinsecamente grotesca. No episódio dos Bois do Sol no *Ulysses*, a discussão erudita entre os estudantes de medicina do hospital é enquadrada em paródias sucessivas de conhecidos escritores da língua inglesa.

O naturalismo das imagens, um outro exemplo clássico que marca a presença da sátira menipéia, raras vezes ali aparece sem que haja, ao mesmo tempo, uma inspiração grotesca. O capítulo 2 de *Ulysses*, "Hades ou Nekuia", tem inúmeros exemplos da mistura de grotesco e naturalismo nas associações de imagens que Bloom faz a respeito da morte, como este aqui, com relação aos cemitérios:

Holy fields. More room if they buried them standing. Sitting or kneeling you couldn't. Standing? His head might come up some day above ground in a landslip with his hand pointing. All honeycombed the ground must be: oblong *cells. And very neat he keeps it too, trim grass and edgings... Ought to be flowers of sleep. Chinese cemeteries with giant poppies growing produce the best opium. Mastiansky told me. The Botanic Gardens are just over there. It's the blood sinking in the earth gives new life. Same idea those jews they say killed the christian boy. Every man his price. Well preserved fat corpse gentlemen, epicure, invaluable for fruit garden...*[62].

[Campos santos. Mais espaços se fossem enterrados em pé. Sentados ou ajoelhados não dá. Em pé? A cabeça dele podia aparecer, acima

62. *Ulysses*, p. 107.

do chão, um dia destes, num deslizamento, apontando com a mão. O chão como uma colméia: células *oblongas*. E tudo muito arrumado ele mantém, grama cortada, bordas separadas... Deve ser as flores do sono. Os cemitérios chineses com papoulas gigantes produzem o melhor ópio. Mastiansky foi quem me disse. O Jardim Botânico é aqui perto. É o sangue empapando a terra que dá vida nova. A mesma idéia que os judeus tiveram, que dizem mataram aquele garoto cristão. Todo homem tem seu preço. Cadáver gordo bem preservado, cavalheiros, epicuro, valor inestimável para o pomar.]

O trecho é extremamente provocativo. Primeiro, a série de imagens que passa pela cabeça de Bloom, que causam um certo mal-estar: haveria mais espaço nos cemitérios se os mortos fossem enterrados de pé, ou ajoelhados. De pé não seria possível pois a cabeça poderia acabar aparecendo se houvesse um movimento de terra; um cemitério parece um favo *oblongo*. Até mesmo o tradicional *topos* que liga morte e vida num permanente ciclo (do qual falaremos depois) é apresentado de forma grotesca. A constante renovação da vida aqui assume a forma das papoulas no cemitério chinês, que dão melhor ópio porque se alimentam do sangue dos mortos; e a idéia avança até as frutas: "[...] um cadáver gordo bem preservado, cavalheiros, epicuro, valor inestimável para o pomar". Como se ainda não bastasse a sucessão grotesca, a toda essa série em crescendo também vem se juntar uma provocação blasfema já que Joyce se refere à idéia fundamental para a cristandade de que Jesus (chamado de "garoto cristão"), com seu sangue, salvou toda a humanidade. Outra provocação é referir-se aos judeus como assassinos de Cristo, algo que a Igreja Católica por muito tempo consentiu. Mais interessante ainda é ver como essa peça fundamental da cristandade é invertida em imagem grotesca pelo contexto, pois a associação aqui é a do corpo com seu sangue alimentando a natureza com suas flores e frutos.

Há operando nessa imagem do cristo (que Joyce escreve com letra minúscula, uma outra forma de rebaixamento em inglês)[63] também um processo reconhecível de literalização. Assim como reconhecemos a força da literalização nas imagens pictóricas, também não poderíamos deixar de reconhecer o poder dessas mesmas imagens no cinema. Aliás, muitas das características da sátira menipéia podem ser facilmente reconhecidas em Federico Fellini. Além de ter filmado o próprio *Satyricon*, de Petrônio, Fellini, sempre incorporou inúmeros elementos da anatomia em seus filmes. A preferência por corpos disformes, corpos femininos com seios e *derrières* imensos, rostos grotescos e excêntricos é quase uma assinatura do estilo felliniano. Em *A Tentação do Sr. Antônio*, Fellini concebe um Antônio que não é mais o santo (processo de rebaixamento), mas que conserva características de moralidade e resistência à tentação que, agora, no contexto da Itália moderna, viraram pequeno-burguesas, policialescas. O Sr. Antônio, em seus excessos moralistas, é levado a censurar um *outdoor* onde uma publicidade anunciando as qualidades do leite traz a imagem de uma mulher sensual, "fora dos limites", lasciva. A mulher adquire uma vida literal e acaba saindo do *outdoor*, gigantesca. Procurando o Sr. Antônio, acaba por encontrá-lo e acomodando-o em seu seio o leva a passear pelas ruas de Roma.

As imagens de comida, fartura, banquetes, de gula e vida prazerosa, que são tão próprias ao mundo de Rabelais, também em Fellini encontram seu lugar. Em evidência da mesma forma estão as explorações temáticas de idéias, por vezes levadas ao exagero e à distorção como em *Julieta dos Espíritos*, *Città delle Donne*, *Oito e Meio*, *Roma*.

Já adiantando alguns dos temas de outro ensaio deste livro, há também em Fellini uma preocupação com a imagem mítica. Podemos adiantar que, assim como as imagens fundamental-

63. Joyce escreve tanto *jews* quanto *christian boy* com letra minúscula onde a regra em inglês é a maiúscula: *Jew* e *Christian*. *Boy*, nesse caso, é derrogatório, pois é usado em situações que visam diminuir o *status* da pessoa referida. Para evitar essa ambigüidade, a Igreja se refere ao *Infant Jesus* e não ao *boy*. Joyce retoma *boy* como provocação.

mente grotescas *generalizam o particular e particularizam o geral*, também o mito transita nesse circuito. Em *E la Nave Va*, as imagens do navio, do mar, do convés passam do onírico ao mítico e ao simbólico. O mar já não é mais um mar, mas *o* mar.

A dialética, por assim dizer, entre os universais e os particulares assume na sátira menipéia um caráter de caricatura. O mar em *Casanova* é feito de plástico negro e, por causa desse câmbio de material, adquire um caráter poético onde se dá o encontro entre o grotesco e o sublime. Desnecessário dizer que um número relativamente alto de imagens em Rabelais e em Joyce oscila entre esses dois mundos, entre a caricatura e a poesia.

Os gigantes deformados

Os gigantes de Rabelais, em essência, provêm da mitologia celta. Uma das lendas irlandesas conta a estória da primeira batalha de Tuatha dé Danann contra os demônios de Fomore. Dagda, um dos gigantes, é obrigado a comer, sob pena de morte, uma sopa de leite, farinha, carneiros, cabras e porcos que lhe é oferecida em uma cratera cavada na terra. Dagda come tudo com uma colher e ainda raspa o fundo da cratera com os dedos; depois, de barriga cheia, dorme diante dos demônios espantados[64].

Bakhtin também comenta o conhecimento de Rabelais da mitologia céltica. O próprio itinerário da viagem do *Quarto Livro* se inspira no "Caminho Legendário dos Celtas em Direção ao Inferno e ao Paraíso". A imagem das palavras que se derretem, no *Quarto Livro*, são "sem dúvida de origem celta"[65]. Bakhtin avança a idéia de que a imagem do gigante representa o corpo coletivo e ancestral do grupo que os inventa e que invariavelmente eles representam a luta contra a opressão da classe dominante, bem como a incorporação da "cultura carnavales-

64. Ver Jean Paris, *op. cit.*, p. 41.
65. M. Bakhtine, *op. cit.*, p. 394.

ca"[66]. Bakhtin erra não apenas porque baseia toda a sua teoria somente na obra de Rabelais, mas sobretudo porque baseia suas generalizações em etnologistas amadores do século XIX cujo "folclorismo" era militante. Abel Lefranc é também outro crítico que aceita sem criticar as mesmas teses. Análises posteriores acabam por mostrar que gigantes, em geral, em vez de simbolizarem os ideais de um certo grupo ou cultura a respeito de si mesmo, podem representar, antes, o medo de outras culturas diferentes das suas.

No Velho Testamento já o gigante representa esse símbolo invasor e temível. Até mesmo a disciplina da Gigantologia, na Idade Média, acreditava na existência real de gigantes, pesquisando sua origem e história. Essa mitologia persistiu e persiste na imaginação popular. Os relatos de viagem à Patagônia dos primeiros exploradores indicavam que seus habitantes eram gigantes[67] – embora haja algo a ser dito quanto à estatura dos europeus da época, sabidamente menores do que nós; talvez a diferença relativa entre as alturas dos dois povos tenha contribuído ainda mais para incrementar o mito já existente. Ainda mais recentemente, nos anos setenta, com a desnecessária "transamazônica", o mito dos índios gigantes (krenhakarores) voltou a rondar a imprensa popular da época.

66. Bakhtine, *op. cit.*, pp. 393, 394, 395 *et passim.*

67. Percy G. Adams, *Travelers and Travel Liars: 1660-1800*, Berkeley, University California Press, 1962. Pigafetta, que viajou com Magalhães em 1520, escreveu a respeito dos gigantes da Patagônia. Francis Fletcher, acompanhando Francis Drake, também deixou um manuscrito descrevendo patagônios muito altos. Anthony Knivet escreveu que vira corpos com mais de doze pés de comprimento. (*Un Aventurier Anglais au Brésil. Les Tribulations d'Anthony Knivet [1591]*, Paris, Chandeigne, 2003, pp. 230, 268). Mas havia críticas quanto a esses exageros também. Os indígenas brasileiros também eram vistos com características exageradas e idealizadas: "Além de longevos, seriam os seus *Toupinambaoults* mais fortes, mais robustos, mais cheios de corpo e, em geral, menos sujeitos a doenças do que os europeus" (Sérgio Buarque de Holanda, *Visão do Paraíso,* Rio de Janeiro, José Olympio, 1959, p. 276).

A tese de Walter Stephens, de que houve tentativas oficiais na cultura do século XVI de redefinir o que ele chama de "valência cultural" dos gigantes – de elemento invasor, símbolo do mal e da alteridade – para representação de um ideal de identidade nacional – nos parece igualmente falha e maniqueísta, com a figura do "bom" gigante representando "nossa cultura" e a do "mau" gigante representando a cultura alheia[68].

Embora não possamos concordar com a tese de que Rabelais tinha um "programa" consciente de afronta à cultura, ainda assim Stephens, apesar do túrgido jargão, nota, com razão, que:

> [...] [as] assim chamadas inconsistências no retrato que Rabelais pinta dos Gigantes derivam de sua confrontação *programática* [grifo nosso] entre os Gigantes do folclore tradicional e do discurso teológico e dos novos gigantes da pseudo-historiografia patriótica. Pantagruel e Gargantua começaram a sua carreira em metáfora cultural como paródias dos Gigantes nacionalistas da polêmica cultural francesa, que tinham sido inventados por um erudito italiano e popularizadas por uma história fictícia belga que reclamava a si a história dos povos gálicos. A decisão de Rabelais de reescrever as estórias dos Gigantes das *Grandes Chroniques*, um livro popular cujo *status* como folclore já é altamente problemático, não deve nada à "cultura popular do riso" [alusão à Bakhtin]. Em vez disso, é um estratagema que ele inicialmente escolheu para expor e degradar as ficções nacionalistas de pseudo-historiógrafos, imitando seu estilo ingenuamente erudito e seu estilo narrativo pseudo-histórico. *Pantagruel*, e em menor escala *Gargantua* mostram uma interpretação das estórias nacionalistas dos Gigantes mostrando seus defeitos: filologicamente malsãs, repreensíveis em termos morais e religiosos e hilariantes sem querer[69].

Como dissemos, não se pode aceitar a tese ingenuamente politizada de que Rabelais fabricou um programa ideário de confrontação à "cultura" da época. O que ele fez foi reagir aos

68. Walter Stephens, *Giants in Those Days*, Lincoln and London, University of Nebraska Press, 1989, pp. 6, 7 *et passim*.
69. Stephens, *op. cit.*, p. 7.

estereótipos e às ideologias baratas da época ao modo de um grande escritor e intelectual que era. E tudo isso não sem polêmicas. A considerar o ataque, em *Gargantua*, ao casamento por amor em substituição ao usual casamento por interesses de família. A Igreja da época, aliás, defendia o casamento por amor e o celebrava, contra a vontade dos pais dos interessados: vide o caso exemplar em *Romeu e Julieta*. Em *Gargantua* há uma clara condenação desse tipo de prática da Igreja e dos padres. Já no *Terceiro Livro*, Panurge quando resolve se casar é livre para buscar uma mulher que lhe seja "fiel, que não lhe roube e nem lhe bata"; mas o caso de Panurge pode ser contestável, visto que ele é um marginal, um *outsider*, portanto está livre das obrigações de família e de nome.

Mais produtivo do que discutir as origens dos gigantes em Rabelais, ou até mesmo em Joyce, é tentar analisar seu nível de operacionalidade dentro das obras desses autores. Qual a função desses gigantes? Quais os níveis em que operam e por quê? As respostas a essas perguntas não poderão ser definitivas. São e serão tentativas de interpretação, tentativas de captar aspectos pouco reconhecidos nessas mesmas obras. Mais importante ainda é enfatizar seu caráter *literário* fundamental. São e serão símbolos ou mitos mas conservarão seu caráter fundamentalmente literário.

Como já apontamos em outro lugar, os procedimentos de deformação se dão em vários locais e vários níveis nas obras de Rabelais e de Joyce: verbal e imagético, por exemplo. Com isso em mente, não é difícil perceber que, em ambos os autores, os gigantes ali apresentados sofrem uma deformação radical. Em Rabelais, o que mais chama a atenção é o fato de que tanto Pantagruel como Gargantua são gigantes cujas dimensões nunca nos são devidamente claras. Pantagruel e Gargantua ao mesmo tempo podem abrigar milhares de pessoas debaixo de suas línguas, comer imensos banquetes, beber enormes quantidades de vinho; Gargantua passeando com seu asno consegue desmatar toda a região de Beauce. Ainda assim, tais gigantes podem subir em embarcações humanas, viajar com humanos, entrar em um sem-número de situações em que não se aplica a lógica do tamanho grande. No caso de Joyce, dá-se o mesmo. Tanto o capítulo do Ciclope quanto o gigante Finn em *FW* sofrem do mesmo "mal contraditório". Entretanto, basta que deixemos a lógica das dimensões e dos limites de lado para aceitar que, nesse mundo de transformações, também essa lógica se altera e os limites se misturam. Temos aí também uma constante da sátira menipéia.

Joyce deforma Rabelais

O manuscrito mostrado na ilustração é uma nota de Joyce sobre Rabelais encontrada em um de seus inúmeros cadernos de anotações. Podemos ler muito claramente algumas palavras que chamaram a atenção de Joyce: "encornifistibuler", "lifrelofre" "papefigue", "papimane", entre outras.

Embora Joyce afirmasse ignorar a obra de Rabelais e a de Lewis Carroll, não são poucas as alusões que faz a esses autores[70]. Joyce também dizia ignorar Freud e Jung, entre tantos outros, mas copiou algumas vezes frases ou expressões inteiras destes. No caso de Carroll, James Atherton mostrou algumas dessas alusões em um artigo[71]. Com relação a Rabelais, nada tinha sido encontrado até que Claude Jacquet, do Centre de Recherche du Manuscript Moderne, na Universidade de Paris, encontrou um manuscrito com a lista de palavras rabelaisianas[72]. Claude Jacquet observa, entretanto, que as notas de Joyce obedecem à ordem exata do segundo tomo do livro de Lazare Sainéan, *La Langue de Rabelais*[73], onde este se dedica ao estudo da língua e do vocabulário empregados por Rabelais.

70. Ver exemplo de uso do *Gargantua* no *Ulysses* na seção os "Mundos do Mito e da História".
71. James Atherton, "Lewis Carroll and Finnegans Wake", *English Studies*, vol. XXXIII, p. 14.
72. Claude Jacquet, *Joyce et Rabelais*, Paris, Didier, 1972.
73. L. Sainéan, *La Langue de Rabelais*, Paris, E. de Boccard, 1922, 2 vols.

Página manuscrita de Joyce coberta de termos retirados da obra de Rabelais.

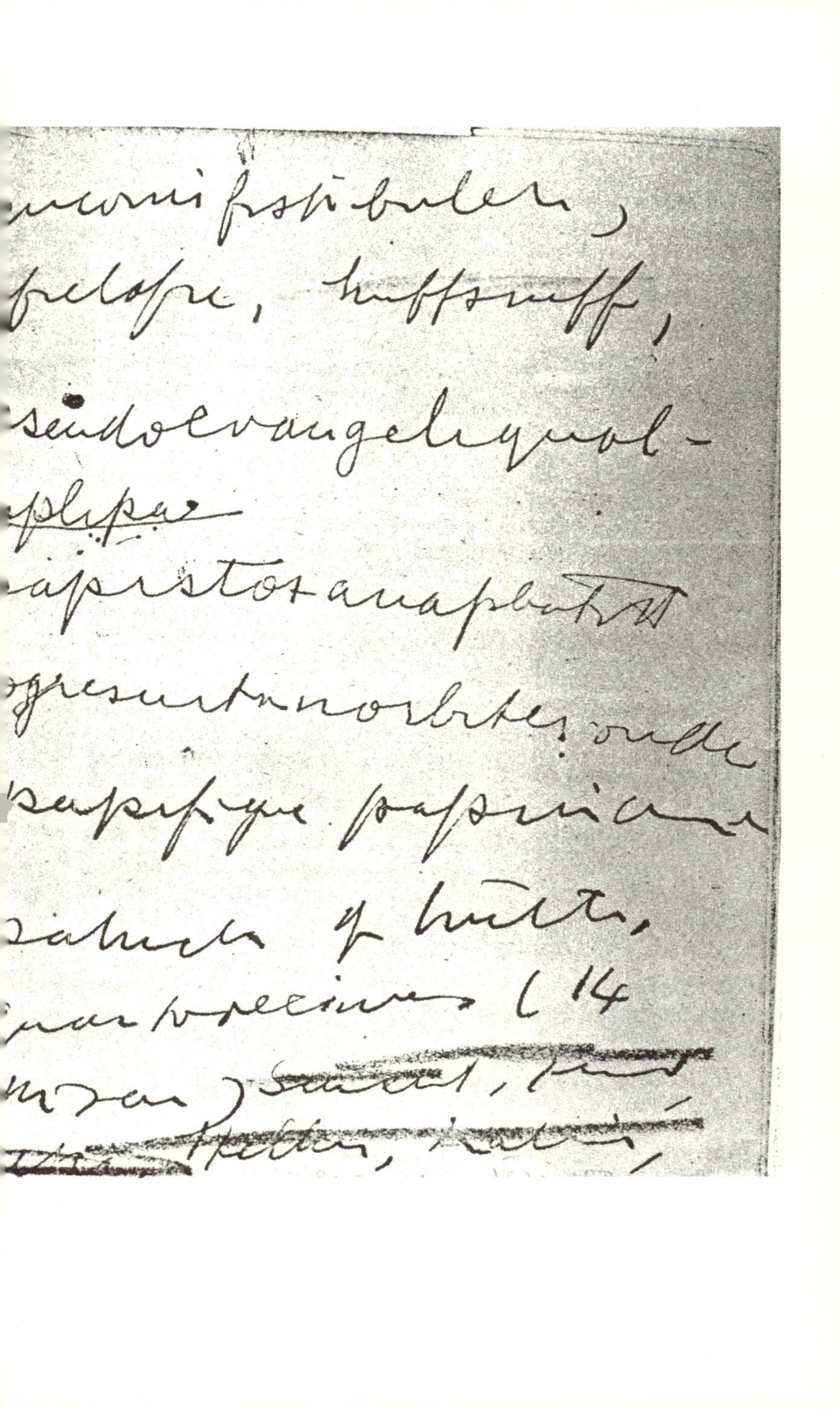

[illegible],
[illegible], [illegible];
pseudoevangeliquob-
[illegible]
[illegible]
[illegible]
[illegible]
[illegible]
[illegible] (14
[illegible]
[illegible]

Sabemos que Joyce, tanto quanto Rabelais, gostava de formar listas de palavras. Joyce, em particular, gostava de consultar dicionários, livros de referência, almanaques e compilações de vocabulários. Rabelais acrescentou um glossário a seus livros, com explicações de vários neologismos, inclusive muitos de sua própria invenção.

O caso de Joyce com sua lista de palavras rabelaisianas pode ser entendido dentro desse espírito de curiosidade vocabular e necessidade de invenção. Dos 150 vocábulos anotados no manuscrito, Joyce acabou fazendo uso, como observa C. Jacquet, de um número bastante grande do vocabulário rabelaisiano. A lista, como dissemos, se baseia no livro de Sainéan. Damos a seguir alguns exemplos escolhidos do trabalho de Jacquet:

Rabelais	Joyce	página/linha
chévaux désultoires	*desultory horses*	118/6
Besch	*Besch*	20/35
Revergasse	*Reversogassed*	20/31
Gargantua	*Gargantast*	20/31
Bacbuc	*baccbuccus*	118/16
Brimballer	*Brimbilly*	254/15
"celui qui n'a pas de blanc à l'œil"	*"red devil in the white of his eyes"*	252/34

Não é difícil ver o reprocessamento que sofrem os vocábulos ou as imagens de Rabelais quando usados por Joyce. A deformação (como em *revergasse/reverssogassed*; *bacbuc/baccbuccus* etc.) é uma das formas prediletas de Joyce. Ao mesmo tempo em que ecoa o original, esse tipo de transposição deformante estabelece uma ponte entre as línguas. No caso de *revergasse/reversogassed* a deformação se dá com a desinência típica do passado regular em inglês (*ed*) e ecos do latim (e com isso todas a línguas latinas) com "reverso". Em adição, pode-se também ler o verbo *gassed*. Com *Bacbuc*, a deformação é de ordem gráfica e auditiva, embora a latinização seja evidente.

No caso do epíteto para o diabo em Rabelais (o que não tem o branco do olho), Joyce faz uma interessante escolha. Ele já incorpora o próprio diabo em sua frase, ou, melhor, verso, já que o ritmo do conjunto é o ritmo do verso cadenciado. E ao incorporá-lo, ele também usa uma expressão fixa em inglês (*red devil*); em tradução literal: o diabo rubro no branco de seus olhos.

Da desconfiança do habitual na linguagem

O caminho por assim dizer trilhado pelas imagens grotescas se expande, como vimos na sátira menipéia, pois encontra ali um terreno fértil para se manifestar. Assim como a boca de Pantagruel, na análise de Auerbach, comporta um mundo, o mundo do grotesco também nos leva a um mundo diferenciado, um mundo estranhado, um mundo que desconfia do habitual. E o que é esse habitual? Em termos de linguagem o habitual é o hábito da convivência cotidiana e rotineira que temos com a linguagem. Assim como o uso rotineiro e instrumental da linguagem nos traz conforto e nos possibilita exercer várias funções diárias sem que tenhamos que desenvolver teorias e abstrações que entravariam nossas ações habituais, ele também nos traz algo indesejado que vem do excesso de conforto: a perda de percepção da convencionalidade das línguas e da linguagem em geral, empanando e trivializando novas experiências e relações originais. De certa forma, o casaco do habitual que nos protege também nos torna insensíveis às temperaturas mais extremas que nos fazem lembrar que estamos vivos.

Como o vento que abre esse casaco e nos dá uma mostra da "temperatura real" ali fora, o grotesco funciona como elemento provocador. Se o conforto da linguagem habitual ordena um mundo que de outra forma seria percebido como caótico e incompreensível, o grotesco, ao provocar o hábito, nos lembra que esse senso de ordem é uma pura convenção, e ainda mais importante, que nem sempre algumas convenções agem em nosso favor e que, em última instância, somos nós mesmos que devemos selecionar e escolher as convenções pelas quais vivemos e tantas vezes morremos.

Os temas da ruptura e do estranhamento, da distorção e da literalização, da ornamentação que acaba em labirinto e não leva a lugar nenhum, parecendo não ter sentido senão em si mesma, tudo isso nos aponta para uma experiência de linguagem e do mundo que nos indica que nossa visão não pode ser dominada por uma univocidade[74]. A sátira, a ironia e a paródia têm como papel provocar e questionar de frente essa univocidade engendrando polivalências que são alheias a simplificações. Por isso, as ideologias se resolvem tão mal quando às voltas com esse tipo de experiência. É fundamental à ideologia (e à pornografia...) que haja univocidade e correspondência literal entre mundo da ação e mundo das palavras. Às ideologias interessa formar adeptos, soldados da causa, por isso a tarefa de convencer e cooptar é fundamental para sua sobrevivência. O elemento de atração maior

74. Lucia Boldrini, *Joyce, Dante and the Poetics of Literary Relations* (Cambridge, Cambridge University Press, 2001), comentando a importância de Dante não apenas para Joyce mas para o projeto modernista do *make it new* de Pound, indica que a criação de novos vocábulos e a ampliação do uso das palavras, fundamental em Dante, constituiu um pólo de atração e de imitação. Dante foi particularmente relevante para a criação da técnica narrativa do *Finnegans Wake*. Joyce sabia que com Dante a língua italiana tinha adquirido uma flexibilidade semântica e lexical até então impensável. Para Joyce, foram a "metamorfose" e a "distorção" inerentes à técnica dantiana de inventar palavras que forjaram essa nova língua. Boldrini escreve: "Estatísticas puramente matemáticas mostram o âmbito das inovações lingüísticas de Dante. O lingüista Bruno Migliorini indica que o vocabulário da língua italiana aumentou de 4000-5000 palavras, no fim do primeiro milênio, para 10000-15000 por volta dos anos 1300. Comparada com essa 'linguagem comum', a extensão do léxico de Dante é assustadora: quase 28000 palavras, um número que fica ainda mais incrível se considerarmos o âmbito lexical de poetas florentinos contemporâneos: seu amigo, Guido Cavalcanti, por exemplo, usou apenas 800 palavras em sua poesia. Não é de surpreender que Dante tenha ganho a reputação de 'pai' da língua italiana, um título que Joyce, caracteristicamente, reconheceu indicando tanto a 'distorção' inerente à técnica de Dante e seu próprio tratamento da linguagem, implicando, implicitamente, a 'metamorfose' e 'distorção' que seu próprio modelo oferecia" (p. 3).

que elas oferecem é a *certeza*, a simplificação, o "saber-se" abrigado pela causa que também explica tudo e dá sentido a tudo e a todos, inclusive motivos para perseguição aos que pertencem ao campo inimigo, ou, ainda pior, aos que resistem a pertencer.

Carter Kaplan observa:

> Do ponto de vista da Menipéia, não há fórmula, artífice ou teoria que possa explicar o mundo ou os fenômenos naturais. Tais mecanismos são produtos da loucura, um exercício de afetação perpetrado por aqueles que impõem alguma rígida percepção subjetiva ou teoria *a priori* ao mundo e depois a reverenciam como a um ídolo[75].

Num mundo assim ordenado, não cai bem que a ironia venha solapar os sentidos únicos e possíveis, roendo por baixo os significados sagrados, *abrindo*, assim, as possibilidades interpretativas que questionem as verdades absolutas e engessadas. Com a ironia (Kafka, Beckett), as ideologias estão ainda em sapatos mais apertados do que com a sátira clássica que quase sempre prefere um ataque frontal (Juvenal, Pérsio, Horácio). Uma sátira carregada de ironias infiltra um grau de polivalência tão aguçado na linguagem que o ataque é frontal e subversivo (Swift, Voltaire) ao mesmo tempo.

Em suas várias gradações, a sátira promove, em maior ou menor medida, essa abertura. Num sentido estritamente social e político, por exemplo, é um elemento tão eficaz que valeu, vale e valerá perseguições, banimentos, proibições. Dentro da perspectiva que estamos escolhendo discutir, a sátira representa a forma mais acabada de democracia, pois ela não apenas exerce sua função na livre movimentação que promove na linguagem pela crítica desestabilizadora que provoca, mas também porque ela funciona como termômetro de uma determinada sociedade. A sátira é o alarme que soa insistentemente aos ouvidos moucos.

75. Carter Kaplan, *Critical Synoptics. Menippean Satire and the Analysis of Intellectual Mythology*, Madison, Farleigh Dickinson University Press, 2000, p. 53.

Tanto a sátira radical de Swift, tingida de ironia, quanto a sátira com comicidade de Rabelais (há uma variação de gama extremamente sutil entre esses dois pólos e entre os vários autores no gênero) têm uma valência que traz "instabilidade" e que é tão marcante que as formas de "vingança" social se condensam rapidamente em resistência. Com Swift, amansando o maior satirista da língua inglesa num escritor de "estórias infantis", como se as *Viagens de Gulliver* fossem literatura para crianças. No caso de Rabelais, a resistência à sua sátira passa pela refeição sumária: por ser "cômico" sua obra não pode ser "grande". No caso de Joyce, o que incomoda não é a radicalização de uma sátira social mas o próprio fato de estar "entre gêneros", de não ser qualificável *numa só* categoria, e também, *last but not least*, o fato de que a linguagem em que escreve é a própria denúncia desses sistemas de unificação, de univocidade.

Em sua crítica à ortodoxia, à univocidade e à literalização a sátira expõe a nudez do imperador. Rabelais não podia ser mais explícito que no episódio da ilha dos papímanos (Papimanes), no *Quarto Livro*[76]. Aí, tomamos contato com seus habitantes e vemos que estes substituíram o culto a deus pela figura do Papa e idolatram seus decretos como se fosse a Bíblia. O episódio é uma crítica a uma sociedade dominada pelo fanatismo, intolerância, superstição e autoritarismo. Rituais se degeneram em gestos vazios e sem sentido. A palavra se imobiliza na mão única das ideologias e, com a conseqüente estreiteza de interpretação, acaba gerando um cisma. A parcela da população que se revolta é exilada em outra ilha. São os papafigas (Papefigues), pois quando o Papa os visitou, protestaram fazendo figa.

Rabelais estava atento não apenas aos aspectos societais das limitações das ideologias. Como já observamos em outro lugar, também com a linguagem, Rabelais não deixa dúvidas quanto às desvantagens das univocidades. No mesmo episódio dos papímanos, o bispo Homenaz oferece a Pantagruel, ao término de

76. *Quart Livre*, caps. 48-54.

um banquete, algumas pêras e acrescenta que tais frutas são uma exclusividade da ilha, como da Índia vem o ébano e da Sabéia, o incenso. Devido à singularidade dessa qualidade de pêras, Pantagruel quer saber qual é o nome dessas frutas tão especiais. Homenaz responde como puritano fanático, defendendo a posição de *docta ignorantia*, como forma de servir a deus. Para ele, não é preciso dar nome especial à pêra, individualizá-la com uma denominação que a diferencie de outras pêras. Isso, está implícito, seria "vaidade". Homenaz, além disso, reveste a atitude com uma capa de hipocrisia: "Somos simples já que isso agrada a Deus".

> *Non aultrement (repondit Homenaz). Nous sommes simples gens puisqu'il plaist à Dieu. Et appelons les figues figues, les prunes prunes et les poires poires.*
>
> *Vrayment (dist Pantagruel), quando je seray en mon menaisge (ce sera, si Dieu plaist, bientost), j'en affieray et hanteray en mon jardin de Touraine sus la rive de Loyre, et seront dictes poires de bon Christian. Car nocques ne veis Christians meilleurs que sont ces bons Papimanes*[77].
>
> [Nome nenhum (respondeu Homenaz). Somos gente simples pois isto agrada a Deus. E chamamos os figos de figos, as ameixas de ameixas e as pêras de pêras.
>
> Pois na verdade (disse Pantagruel) quando voltar para casa (e será, se Deus quiser, logo) vou semeá-las e cultivá-las em meu pomar de Touraine, às margens do Loire, e as chamarei de pêras do bom cristão, pois nunca vi cristãos melhores do que esses papímanos.]

Como se vê, Homenaz é incapaz de sair da univocidade[78]. Pêras para ele são simplesmente pêras e justifica sua *docta ignorantia* transferindo para a entidade divina o que é da ordem de sua parca visão de mundo, como se deus fosse alguma espé-

77. *Idem*, p. 688.
78. Ver a esse respeito o artigo de Michel Jeanneret, "Les Paroles Dégelées", *Littérature*, n. 17, 1975, pp. 14-30, onde o autor desenvolve a tese de que a seqüência que vai das palavras descongeladas ao encontro com os papímanos é uma injunção contra o materialismo da monovalência lingüística. O problema com essa tese é que, mesmo que Pantagruel favoreça uma interpretação pluralista, as outras personagens não o fazem de forma convincente.

cie de nominalista. O fato é que Rabelais deixa claro que essas pêras são singulares e, portanto, dignas de menção especial. Pantagruel decide nomeá-las, como tantos vocábulos na língua, a partir de seu *contexto*. Diz que, já que as pêras não têm nome, serão batizadas, quando plantadas no jardim de sua casa em Touraine, perto do rio Loire (por sinal, a terra natal de Rabelais), de Pêras do Bom Cristão.

O inteiro procedimento é complexo. Primeiro porque Rabelais está chamando, como já observamos, a atenção para as formas com as quais lidamos com a linguagem, com processos de nomeação, arbitrariedade, convencionalidade, contexto etc. Mas Rabelais vai além disso. Ele consegue resumir num mesmo episódio fatores de outra ordem. Há de verdade uma variedade de pêras conhecida como *Bon Chrétien* na França. Elas são também conhecidas como pêras "Williams" ou "Bartlet" e são, pelo perfume e pelo sabor, usadas na confecção de uma afamada aguardente. Ou seja, ao "nomear" as pêras sem nome com um nome já existente e facilmente identificável por seu público, Rabelais estava também usando de um procedimento cômico conhecido que é a construção de uma explicação "mítica" para um fato sem explicação. A sátira cômica conta com um sem-número de estorietas parecidas, que utilizam tal processo. Vejamos alguns exemplos. A enorme mula de Gargantua passa por uma região da França deixando-a desmatada. Ao ver a paisagem montanhosa sem a floresta que a recobria, Gargantua comenta que *c'est beau ce* [é bonito isso], fazendo um jogo de palavras entre a região de Beauce e *beau ce*. *Macunaíma* de Mário de Andrade oferece um número considerável de exemplos desse tipo de explicação mitológica como, por exemplo, a fonte encantada e a origem das três raças: Macunaíma se lava e sai branco, Maanape entra na água em segundo lugar e sai cor de índio; depois, com a fonte quase seca, Jiguê só consegue lavar a planta dos pés e das mãos e sai preto.

Ao mesmo tempo em que lida com todos esse níveis de linguagem, Rabelais também usa de ironia ao dizer que, como nunca viu cristãos melhores do que os papímanos, vai chamar as pêras de "pêras do bom cristão". É uma dupla ironia. Ao mesmo tempo em que Pantagruel, com esse batismo, por assim dizer subverte a hipocrisia da douta ignorância de Homenaz que quer as pêras simplesmente pêras, também Rabelais chama a atenção para a dúbia fé dos papímanos, "cristãos melhores Pantagruel nunca viu".

Uma outra zona de ironia, ainda mais ampla em grau, aponta para o fato de que o bispo *não consegue* ver a já dupla carga irônica que Pantagruel lhe impinge. E esse alargamento irônico fica a cargo do leitor. Homenaz está do lado de cá da linguagem e não pode ver além; está do lado da literalidade e da univocidade. Por causa disso, só pode reconhecer o lado elogioso da "homenagem" que Pantagruel lhe presta.

Frye diz que a "principal distinção entre ironia e sátira é que a sátira é a ironia militante"[79]. Em geral, ironia é sempre definida e entendida como dizer o contrário daquilo que se está aparentemente afirmando. Num dia frio e chuvoso, comentamos: – Que dia lindo!

Mas, se lermos atentamente o que escreve Schlegel a respeito da ironia, veremos que ele muda radicalmente essa idéia recebida. Com o romantismo alemão, o conceito de ironia passa a ser aberto, dialético e paradoxal, pois para Schlegel a própria situação metafísica básica do ser humano é irônica, pois ele é um ser finito que tenta compreender uma realidade infinita. Dentro dessa perspectiva, a ironia seria a forma última do paradoxo[80]. I. A. Richards define ironia como sendo "a inclusão dos impulsos opostos complementares"[81].

79. Frye, *Anatomia da Crítica*, *op. cit.*, p. 219.
80. Friedrich Schlegel, "On Incomprehensibility", em David Simpson (ed.), *Origins of Modern Critical Thought*, Cambridge, Cambridge University Press, 1988, pp. 183, 184, 185. Ver também D. C. Muecke, *Irony and the Ironic*, London, Methuen and Co., 1986, que comenta a história do conceito.
81. I. A. Richards, *Princípios de Crítica Literária*, Porto Alegre, Globo/Edusp, 1976, p. 211.

O que se pode dizer com relação a essas abordagens é que há o reconhecimento de que existem *forças opostas* atuando na ironia e, não raro, tais forças podem chegar ao paradoxo. Muecke observa que

> [...] a ironia é uma forma de escrever destinada a deixar em aberto a questão do que o significado literal poderia querer dizer: há um adiamento perpétuo da significação. A velha definição de ironia – dizer uma coisa e dar a entender o contrário – está superada. Ironia é dizer algo de forma que isso ative não uma, mas uma série infindável de interpretações[82].

Conceber assim a ironia torna-a um vórtice desprovido de significados unívocos. O permanente deslocamento da ironia fará com que ela arraste fileiras de interpretações que subvertem e solapam os significados literais.

A ironia compreende não apenas o uso verbal mas a criação de determinadas situações onde tais fileiras de interpretação entram em jogo. Bloom em *Ulysses* não ouve o relógio bater "cuco" [*cuckoo*] mas *cuckold* [cornudo], pois é essa a situação em que se encontra com sua Penélope-Molly infiel.

É, aliás, na ironia que o *Ulysses* toma forma. Um judeu errando pelas ruas de Dublin com uma mulher infiel, cujo filho morreu ainda bebê, em vez do herói homérico voltando para casa depois do périplo de dez anos lutando contra o deus do mar. O próprio Joyce comentou que queria transportar o mito *sub specie temporis nostri* e só o pode fazer dentro do viés da ironia. Para Stephen Dedalus a Irlanda não passa de "faubourg Saint-Patrice" e em conversa com Bloom, replica à maneira de Oscar Wilde: "We can't change the country. Let us change the subject"[83].

Com a perspectiva desse sentido radical da ironia como única forma possível de emancipação da palavra submetida ao engessamento do utilitário comum ou do clichê, podemos in-

82. Muecke, *op. cit.*, p. 31.
83. *Ulysses*, p. 527.

terpretar o *FW* em sua inteireza como uma forma de ironia. Nele, através do uso constante do *porte-manteau* e do *pun*, Joyce suspende radicalmente a questão do significado literal e o substitui por uma pletora de significações possíveis.

O que encontramos primeiro, diz Heidegger[84], não é o que está mais próximo mas é sempre o habitual e é ele que possui um poder assustador de nos desabituar de habitar no essencial. Podemos definir esse habitual heideggeriano de várias formas. Se pensamos na linguagem o habitual passa, como já observamos anteriormente, pela univocidade, pelo clichê, pela fórmula e pela sujeição "inocente" às formas recebidas daquilo que se toma por "pensar". Se o olho inocente nada vê, como nos lembra Gombrich[85], é porque essa inocência é feita de fórmulas recebidas. O olho informado é o olho crítico, que vê através das formas e busca nas formas uma *ratio*; o olho informado busca também um contexto e uma interpretação desse contexto, busca uma pregnância fenomenológica que una fato e interpretação. Já o habitual se contenta com o consenso mais à mão e a mentalidade de rebanho. Como pode a literatura contribuir para desenredar o humano do habitual e o olho inocente de seu olhar que nada vê?

Em nosso entender, de duas formas fundamentais e correlativas: a sátira e a ironia de um lado e a poesia de outro. Ambos esses pólos operam de forma oposta e complementar. A sátira e a ironia deslocam a máscara do habitual. Com a desconfiança na linguagem que instauram, colocando todos os significados sob suspeita, tanto a sátira como a ironia interrompem a dublagem que o mimetismo mascarador que está presente na linguagem habitual provê. Esse ato de "denúncia" por assim dizer age como um depurativo. É como se a sátira e a ironia depurassem a linguagem a ponto de só deixar ali o essencial. Nessa perspectiva, ambas *têm um valor ético* inestimável, pois prestam a nós o serviço de nos lembrar que o imperador está nu.

84. Martin Heidegger, *Qu'Appelle-t-on Penser*, Paris, PUF, 1983, pp. 34 *et passim*.
85. Gombrich, *op. cit.*, p. 10.

Os símbolos nascem do consenso e através do uso constante se esterilizam, para tanto se revestindo com a máscara do habitual. Destruir o habitual denunciando a máscara é indicar ao mesmo tempo o *caminho da fonte* de volta à origem. Estamos falando, portanto, de um *procedimento* que se torna a própria ética da linguagem por não possuir agenda *positiva* por assim dizer, por não possuir um programa a ser implementado. É um ato de pura limpeza.

Por outro lado, a função da poesia é exatamente a de ir direto à fonte e à origem e trazer o vivo de novo. Vê-se então como a poesia também se opõe ao habitual mas de forma contrária, fazendo-nos relembrar da origem da palavra que cria o mundo e a linguagem. Se o satirista anatomiza o corpo morto da linguagem, expondo um mundo pelo avesso, forçando-nos a nos sentir estranhados, a poesia nos lembra que a palavra não é o equivalente a um "termo", mas, sim, aquilo que tem a força de nos mover de novo para a experiência mais profunda do ser.

Escreve Heidegger:

> As palavras não são termos e enquanto tais semelhantes a baldes e tonéis de onde retiramos os conteúdos existentes. As palavras são fontes cavadas pelo dizer, fontes que precisamos sempre reencontrar, sempre cavar, que se esgotam facilmente, mas que de tempos em tempos jorram de improviso. Sem um retorno contínuo às fontes os baldes e tonéis se esvaziam ou seu conteúdo permanece esvaziado[86].

Encontramos em Rabelais uma passagem espantosamente semelhante, que aproxima o tonel de Heidegger ao de Rabelais:

> *Tout beuver de bien, tout goutteux de bien, altérez, venens à ce mien tonneau, s'ilz ne voulent, ne beuvent; s'ilz voulent et le vin plaist au guoust, de la Seigneurie de leurs Seigneuries, beuvent franchement, librement, hardiment sans rien payer, et ne l'espargent. Tel est mon décret. Et paour ne ayez que le vin faille, comme feist és nopces de Cana*

86. Heidegger, *op. cit.*, p. 37.

en Galilée. Autant que vous ne tireray par la dille; autant en entonneray par le bondon. Ainsi demeurera le tonneau inexpuisable. Il a source vive et vêne perpetuelle[87].

[A todo bebedor de bem, todo degustador de bem, alterados, que venham ao meu tonel, se não quiserem, não bebam; se quiserem e o vinho agradar ao gosto, da senhoria e dos senhores, bebam francamente, livremente, audaciosamente sem pagar e sem poupar. Tal é meu decreto. E medo não tenham que o vinho falte, como aconteceu nas bodas de Caná, na Galiléia. Quanto mais se abre a torneira mais vinho jorrarei pela tampa. Assim o tonel permanecerá inesgotável. Ele tem fonte viva e veia perpétua.]

87. *Tiers Livre*, p. 327.

Segunda Leitura

2

O Mundo dos Movimentos

No fim do primeiro ensaio, onde procuramos estabelecer a relação de complementaridade entre sátira, ironia e poesia, não chegamos a tocar num aspecto fundamental que rege essa conexão e que buscaremos examinar agora. Trata-se, de forma geral, da importância do mito e de como este se torna necessário em se tratando da sátira menipéia.

Vamos começar por examinar um aspecto do grotesco que já comentamos antes. Trata-se do gigantismo. Como vimos, o gigantismo é um procedimento que afeta tanto o grotesco verbal, com suas enumerações e citações infindáveis, quanto o mundo das imagens grotescas. Vimos também que a própria estrutura da anatomia se beneficia com o gigantismo através do cultivo da erudição enciclopédica que tende a aparecer sob a forma de "excesso" nesse tipo de sátira.

Por outro lado, o gigante, enquanto imagem, também compreende uma espécie de deformação e, assim como as palavras-monstro das distorções rabelaisianas e joycianas, também ele partilha desse mundo deformado. Entretanto, queremos examinar aqui um outro aspecto desse gigantismo. E esse tem a ver com a questão da transfiguração do gigante de imagem monstruosa a símbolo e mito.

Também a dilatação temporal ou espacial, relativas ao tema do gigantismo, a amplificação no tempo ou no espaço de uma personagem pode levar a uma atitude literária que desemboca ou tem origem direta no mito.

A amplificação do corpo. O micro e o macrocosmo

O gigante tem como elemento principal o corpo amplificado, embora, como veremos, a amplificação corporal possa assumir outras formas que transcendam o mero gigantismo. Há, portanto, uma diferença entre gigantismo e amplificação corporal.

As descrições dos gigantes Pantagruel e Gargantua não deixam dúvidas quanto à dimensão espacial de seus corpos (Gargantua veste uma camisa feita de "neuf cens aulnes de toille de Chastelerand et deux cens pour les coussons..." etc.[1]), rouba os sinos da catedral de Paris para enfeitar o pescoço de sua jumenta etc. Pantagruel transporta uma colônia de Utopianos em suas próprias mãos no primeiro capítulo do *Terceiro Livro*, entre outras proezas gigantescas. Esse tipo de gigantismo, entretanto, era comum durante a Idade Média, na literatura popular.

A diferença fundamental que Rabelais introduz é que, a partir do *Terceiro Livro*, seus gigantes se tornam gigantescos também em qualidades humanas, invertendo o mero relato de façanhas comum na literatura popular da época e anterior e ao mesmo tempo aprofundando e transformando completamente as expectativas do público de sua época.

Como já foi afirmado tantas vezes[2], os gigantes de Rabelais se tornaram a encarnação do espírito da Renascença e, enquanto tal, estão longe de continuar o padrão popular medieval. Ao tamanho colossal de pai e filho corresponde o tamanho igualmente grande de sua humanidade. Entretanto, é preciso notar que essa passagem de literalismo para símbolo só se dá a partir

1. Rabelais, *Gargantua*, p. 26 ["novecentas jardas de tecido de Chastelerand e duzentas para as calças"].
2. De forma definitiva por Auerbach em seu ensaio "O Mundo na Boca de Pantagruel", *Mimesis*, São Paulo, Perspectiva, 1976.

de um certo momento em Rabelais. Os dois primeiros livros ainda mantêm um compromisso com o mundo de proezas e façanhas típico da Idade Média. É a partir do *Terceiro Livro* que Pantagruel se mostra muito mais um gigante interior e onde sua forma exterior tem pouca importância, nem sendo, para se dizer a verdade, enfatizada depois do prólogo e dos primeiros capítulos. Ao mesmo tempo, é também preciso considerar que, mesmo utilizando a linguagem da façanha e da proeza, os dois primeiros livros de Rabelais ainda assim demonstram uma diferença já marcante com relação à literatura popular.

Michael Baraz escreve que

> O capítulo XXXII de *Pantagruel* permite entender, sob um aspecto particularmente significativo, a imensa diferença que existe entre o gigantismo rabelaisiano e o gigantismo simplista e terra-à-terra das *Grandes et Inestimables Chronicques*. Nessas, a preocupação em não ultrapassar um certo grau de inverossimilhança é evidente, para além da qual até mesmo o leitor ingênuo não se deixaria levar. O autor popular respeita a tradição literária que exige um certo senso dos limites mesmo com o fantástico. É inconcebível que um tal autor possa situar, como o faz Rabelais, na boca de um de seus personagens "mais de 25 reinados habitados, sem contar os desertos e um grosso braço de mar"[3].

O capítulo ao qual Baraz se refere é o que mostra "como Pantagruel com sua língua cobriu todo um exército e o que o autor viu dentro de sua boca"[4]. Pode-se argumentar, como Baraz observa, que a literatura popular jamais ultrapassa a zona de conforto da entropia e da comunicabilidade fácil. Para inverter as premissas das expectativas do público, até mesmo um público sofisticado, acrescentaríamos, é preciso correr um risco que só um autor individual e superior na maestria de sua arte consegue fazer[5].

3. Michael Baraz, *Rabelais et la Joie de la Liberté*, Paris, José Corti, 1983, p. 2.
4. *Pantagruel*, cap. XXXII.
5. Dentre os exemplos que mostram como Rabelais se preocupava com a recepção de sua obra, está o fato de que, depois das críticas que recebeu com a

O capítulo em questão também serve de base para a análise de Auerbach. Nesse episódio Pantagruel e seu exército enfrentam os *almyrodes*, mas todos são surpreendidos por uma forte chuva. Pondo a língua para fora "somente pela metade", Pantagruel protege o seu exército da tempestade. O narrador da estória, então (Mestre Alcofribas Nasier, um anagrama de François Rabelais), não encontrando lugar debaixo da língua do gigante, sobe por ela e entra na boca de Pantagruel. Dali, ele conta o que viu. Rochedos gigantes como as montanhas da Dinamarca (os dentes de Pantagruel), grandes prados, florestas, cidades. Alcofribas encontra um camponês que está plantando repolho e, conversa vai conversa vem, descobre que o camponês planta os vegetais para vender na feira da cidade. Espantado em descobrir que há ali na boca de Pantagruel um mundo "novo", o narrador ainda se surpreende mais com o comentário do camponês que lhe diz que tal mundo não é nem mesmo novo e que pode ser que fora dali haja uma terra nova com o sol e a lua mas que aquele mundo onde ele habita é muito mais antigo[6].

O contraste entre o mundo "novo" de fora e o mundo antigo da boca de Pantagruel já alerta o leitor. Há um convite quase que imediato a tomar a boca como símbolo ou alegoria. Há por parte do autor uma provocação. O paradoxo convida a uma resolução, mas não necessariamente a um consenso. O que Rabelais consegue, pelo menos se deixarmos a vertente simbólica de lado por um momento, é inverter o consenso dentro do qual o leitor de sua época vive – a antiguidade do mundo, so-

publicação de *Pantagruel* (por exemplo, de Nicolas Bourbon, um poeta menor que o acusou de escrever por dinheiro um livro de ninharias, recheado de sujeira bárbara e que por isso Rabelais seria perseguido pelas musas), o autor preferiu escrever seu segundo livro, *Gargantua*, de forma completamente diferente. Também pesou aí a influência de sua viagem à Itália, que também fez com que Rabelais rejeitasse a cultura popular. Para mais informações sobre isso ver Richard Berrong, *Rabelais and Bakhtin: Popular Culture in Gargantua and Pantagruel*, Lincoln, University of Nebraska Press, 1986, pp. 74, 75, 76 *et passim*.

6. *Pantagruel*, p. 306.

bretudo uma antiguidade contada em anos mosaicos, a partir do dilúvio. E inverte até mesmo o consenso iluminista e racional do leitor do futuro, que tenderá a desfocar o paradoxo como uma mera provocação do autor.

Ao inverter o consenso histórico-teológico de seu tempo, entretanto, Rabelais acaba questionando elementos considerados não-questionáveis. Aventar a hipótese de que um mundo na boca de um gigante (que vira o símbolo da própria humanidade) seja mais antigo do que o mundo criado pelo deus da Bíblia é já uma forma de infração. Além disso, ter a liberdade de *poder até mesmo conceber* tal possibilidade significa algo ainda mais subversivo e perigoso para a época.

Uma das coisas mais curiosas a respeito desse episódio é a impossibilidade visual que ele traz, e isso também ocorre porque Rabelais está invertendo uma outra gama de convenções e expectativas ou ordenamentos. É muito difícil conceber em termos de imagem, esse mundo mais velho e enorme dentro da boca, mesmo de um gigante, porque é difícil para nós conseguir fundir os domínios do finito e do infinito, e quando Rabelais fala em "mundo", ele certamente pensa no mundo infinito, como a parte final do *Terceiro Livro* deixa claro. Rabelais escreve a respeito do universo como universo aberto e infinito[7].

Mesmo que possamos ainda considerar o mundo na boca de Pantagruel como finito, ainda assim é a questão da dimensão "correta" que nos atrapalha, pois a boca conduz a um mundo finito, que é o mundo do organismo interior. Mas será mesmo um mundo finito? Só se o concebermos em termos de órgãos visíveis a olho nu, músculos, tendões, ossos, pois, se vamos além, seremos obrigados a lançar mão de conceitos cada vez menores como moléculas, átomos, e daí para diante pensaremos em *quarks*, energia e supercordas. Portanto, esse mundo na boca de Pantagruel, por mais que suspendamos o julgamento

7. Ver *O Terceiro Livro*, p. 509. Comentaremos o mesmo trecho mais adiante.

no que Keats chamou de *negative capability*, é um mundo que se complica mais e mais.

Sua simplicidade não passa de aparência. A tranqüilidade do camponês plantando seus repolhos para vender na feira da cidade é enganosa. Ela oferece um contorno apenas superficialmente apreensível. Até mesmo a boca perde logo seus contornos, os dentes viram montanhas.

Se quisermos arriscar uma "interpretação", podemos começar a pensar no mundo na boca de Pantagruel enquanto uma entidade supra-antropomórfica que transforma o humano em Humano, o histórico em universal. Mas será isto suficiente?

Na confluência da boca de Pantagruel há dois mundos, o macro e o microcosmo. Sua boca é a fronteira última tanto da própria Natureza quanto do próprio Universo. E como nessa confluência o tempo não flui, podemos dizer que a boca de Pantagruel, no momento em que o narrador a vislumbra, deixa de ser a boca do Pantagruel histórico para virar a boca do Pantagruel mítico que é símbolo do próprio mundo.

Um outro problema trazido pelo espelhamento dos dois mundos, o nosso mundo "novo" e o mundo antigo da boca de Pantagruel, é que, dependendo de como interpretamos a "prioridade" de um mundo com relação a outro, estaremos viabilizando um viés interpretativo diferente do outro. Argumentamos há pouco a respeito da provocação trazida pela anterioridade do mundo na boca de Pantagruel com relação ao mundo do leitor da época, crente nas palavras da bíblia e seu mito de criação. Mas também podemos ver nessa anterioridade um modelo platônico onde a antiguidade do mundo de Pantagruel é o molde que o nosso mundo copia imperfeitamente. Se atribuirmos a Pantagruel o papel de espírito da Renascença, não poderemos evitar uma idealização do gigante que indiciará e criticará o "nosso" mundo, o mundo da realidade, enquanto cópia imperfeita. Há aqui um desdobramento irônico inesperado mas perfeitamente possível. No caso da hipótese bíblica, o viés beneficia o ataque frontal típico da sátira.

Há ironia e espelhamento suficientes também na boca do camponês quando se refere ao nosso mundo como um mundo onde "se diz" [*l'on dist*] que existe, como um mundo do qual apenas ouviu falar e do qual realmente não tem muita certeza. Há aí também uma armadilha pronta a abrir-se sob o leitor, pois o comentário do plantador demonstra um fechamento, um isolamento provinciano que atua como um espelho às presunções de leitores que achavam (e ainda acham) que já possuíam (ou possuem) paradigmas tão irrefutáveis que a ciência do futuro não os mudará.

Há que esclarecer que Rabelais não está sendo "relativista" nesse episódio, como pode parecer a uma leitura superficial. Não se pode dizer que os mundos são "relativos" e o que é grande para o plantador ou para o narrador não o será para Pantagruel ou o universo. Admitir que Rabelais escolhesse a saída fácil da falácia "relativista" é não entender o ponto. Há, muito pelo contrário, uma provocação imaginativa que está longe de manter as coisas no "assim é se lhe parece".

A grandeza do "ilimitado" toma neste episódio uma dimensão mítica a partir das premissas filosóficas da época, ou anteriores, sobretudo Nicolau de Cusa e suas hipóteses quanto à pluralidade dos mundos. Ainda mais o é, se examinarmos dois outros episódios de amplificações corporais na obra de Rabelais, episódios que contrastam com o que acabamos de comentar. São eles: o episódio de Gaster, a personificação do estômago, e o segmento que trata do espírito do carnaval, Quaresmeprenant, ambos no *Quarto Livro*. Como valor absoluto, o estômago não pode triunfar. No cortejo de sacrifícios dedicados a Gaster, desfila a estátua de Manduce, uma amplificação da boca como símbolo de voracidade. Uma boca que não fala, mas que só engole vorazmente a tudo, assustando as crianças e com os olhos gigantes, maiores do que a barriga e a cabeça maior do que o resto do corpo:

C'estoit une effigie monstrueuse, ridicule, hydeuse et terrible aux petitz enfans, ayant les oeilz plus grands que le ventre et la teste plus grosse que tout le reste du corps[8].

[Era uma efígie monstruosa, ridícula, medonha e terrível para as crianças, com os olhos maiores da que a barriga e a cabeça maior do que todo o restante do corpo.]

A notar, a apresentação da boca voraz como um "ente" literalizado e unívoco, e que, portanto, cai na linha de mira do ataque satírico. O mesmo se passa com o espírito do Carnaval, descrito de forma igualmente monstruosa. Sua anatomia comporta três capítulos de enumerações, todas absurdas ["Os nervos, como uma torneira [...] a imaginação como um carrilhão de sinos tocando, os pensamentos como um vôo de estorninhos"][9].

Tanto Manduce como Quaresmeprenant são distorções do humano e, tal como são apresentadas, fazem parte muito mais do mundo das imagens grotescas que vimos no ensaio anterior do que do universo ilimitado de Pantagruel. O contraste é ainda maior se levarmos em conta que tanto a boca gigante como o espírito do carnaval são imagens evocadas no *Quarto Livro* onde indubitavelmente Pantagruel já é a própria encarnação do espírito renascentista. Vemos a transformação ocorrer no *Terceiro Livro*. O universalismo de Pantagruel encarna o humano tão amplificadamente que o ilimitado de sua grandeza acaba por simbolizar miticamente essa mesma humanidade. A amplificação de Pantagruel, as características gigantescas de suas qualidades interiores e sua transfiguração mítica se contrapõem ao particular e ao determinado.

O Renascimento foi assim chamado a partir de uma autodenominação. O homem medieval julgava que pertencia a uma continuidade da Antiguidade clássica, interrompida apenas pelo nascimento de Cristo. Conseqüentemente, dividia o tempo em "era da Lei" – a época do Antigo Testamento – e "era da Graça" – o período posterior ao advento de Cristo (ainda presente em

8. *Quart Livre*, p. 700.
9. *Idem*, p. 623.

expressões que se conservaram desde os tempos medievais como "no ano da graça"). Essa divisão era antes divina que humana, pois se baseava inteiramente num critério bíblico. O Renascimento, pelo contrário, tomou como base as realizações humanas, tomando impulso a partir da crença nas letras humanas em contraposição à escritura divina. Soma-se a isso uma curiosidade pelo mundo natural e seus fenômenos.

Para Rabelais, esse desejo se intensifica em todas as suas particularidades. O mundo do microcosmo é vivo e digno de curiosidade e atenção. Está aí também um dos motivos pelos quais Rabelais se estende tão demoradamente em catálogos e enumerações[10]. Há um cuidado na amplificação de detalhes "insignificantes" ou prosaicos, um prazer em lembrar ou promover uma categoria de objetos humildes a elementos que fazem parte interligada de um "mundo". Todos esses mundos microscópicos, humildes e prosaicos se entrelaçam e se unem para formar uma realidade organizada que busca refletir "fielmente" o mundo real: plantas, animais, vestuário, jogos, práticas sociais, guerras, hábitos, culinária, música, técnicas, ciências, cultura,

10. Barbara C. Bowen, em seu livro *Enter Rabelais, Laughing* (Nashville & London, Vanderbilt University Press, 1998), ao comentar em detalhe os livros fictícios da famosa biblioteca de "Saint Victor" em *Pantagruel*, observa, com o que concordamos inteiramente, que, quanto mais em detalhe apreciarmos a comédia humanista, mais engraçada ela é. "Em intervalos regulares, algum crítico ou outro traz à tona a velha proposição de que tentar explicar o humor é necessariamente estragá-lo. Isso, *pace* Henry Appia e o resenhista do *TLS* que escreveu sobre o *Rabelais* de Screech, é bobagem; quanto melhor entendermos esses títulos da biblioteca e outras anedotas abstrusas de Rabelais, mais apreciaremos o cômico em sua escrita" (p. 101). Ela também, como nós, aponta para o fato de que críticos de Rabelais não o lêem com a devida atenção, preferindo generalizar, como Floyd Gray, que diz que os livros da biblioteca de Saint Victor "oferecem incansavelmente o mesmo tipo de absurdo" (Floyd Gray, *Rabelais et l'Écriture*, Paris, A. G. Niget, 1974, p. 100). Pelo contrário, os livros da biblioteca, assim como outros exemplos de listas, catálogos e acumulações em Rabelais, oferecem não apenas variedade, mas são exemplos de riso e de informação. Ainda é preciso observar que as notas de Abel Lefranc na edição da Gallimard estão incompletas, ou apresentam erros. Lefranc deixa um grande número de referências sem informação.

o que seja. Há uma busca de *mimesis* na voracidade rabelaisiana como se deixar algum aspecto de lado fosse negar-lhe um direito essencial à existência através da palavra.

Bakhtin vê no mundo microcósmico de Rabelais uma necessidade de renovação que é inerente à própria natureza: o comer, o beber, a sexualidade, as excreções[11]. Sem dúvida há interesse na renovação porquanto essa faz parte da natureza e, para Rabelais e a Renascença, a natureza começa a ser apreciada e respeitada pelo que ela é. Mas há também em Rabelais uma lógica dentro dessa *mimesis* voraz da natureza, dentro dessa descrição incessante dos mundos da natureza, das categorias e dos elementos; uma lógica amplificadora, gigantificatória do humano.

Comenta M. Baraz:

> Permito-me dizer que os representantes da Renascença experimentam o mundo como infinito porque eles o consideram como participando do infinito divino. Para os grandes espíritos da época, para quem a influência dos filósofos gregos, juntamente com a de Nicolau de Cusa, é particularmente poderosa e fecunda, a imensidão do mundo físico não é de forma nenhuma desesperadora, porque ela é sentida como uma manifestação da divindade, portanto pensa-se, nessa época, que ela está presente de forma imediata na alma humana. Esses espíritos não duvidam de que são capazes de descobrir e de compreender as imensidões ainda desconhecidas pois sentem (ou pressentem) que, na realidade, elas lhes são interiores. É essa confiança no pensamento humano que pode englobar até o infinito físico, que criou o ambiente espiritual no qual a ciência moderna pode aparecer[12].

Rabelais com o Pantagruel do *Terceiro* e do *Quarto Livros* apresenta a seus leitores essa mesma perspectiva, que condividia com outros grandes escritores da Renascença, como Erasmo, por exemplo. Tanto a alma humana quanto o mundo físico, com todas as suas categorias e detalhes, por mais humildes e insig-

11. Bakhtine, *L'Oeuvre de François Rabelais...*, *op. cit.*, ver especialmente o capítulo VI.
12. Baraz, *op. cit.*, p. 21.

nificantes, fazem parte, em seu microcosmo, do mesmo universo infinito, que por sua vez, reflete as mesmas qualidades infinitas da divindade. Pantagruel, o gigante das qualidades interiores, com sua boca que se abre para um outro mundo "natural" interior, garante a simbologia que une o micro e o macrocosmo.

A importância das palavras "infinito", "imensidão", "ilimitado", para esse mundo renascentista, reforça a abordagem gigantificante, amplificadora, como já observamos. Por outro lado, como também já notamos, essa gigantificação, ao exceder os limites estabelecidos, será uma amplificação cósmica, de caráter mítico, diferente em grau da deformação ilimitada do caráter grotesco.

Não podemos deixar de notar um certo equilíbrio entre o "ilimitado" do mito e o do grotesco. A perda de contornos que ocorre em *ambas* as formações assume, no mito, uma completa identificação com o mundo natural, dissolvendo-se nele sem resistências, dividindo-se sem resto, para usarmos uma metáfora matemática. No grotesco, em vez de identificação, ocorre um estranhamento, e sempre sobra um resto indivisível que, não sendo absorvido, causa um efeito perturbador. O mito tende à totalização, o grotesco à parcialização.

A imensidão do mundo físico e espiritual é também um tema que atraiu Joyce em vários aspectos.

Numa conferência para a Universidade de Pádua, intitulada[13] "L'Influenza Letteraria Universale Del Rinascimento", Joyce ao opor o Renascimento à Escolástica afirma que aquele constitui um sistema no qual o homem não é mais prisioneiro e no qual "o espírito humano sentiu talvez o fascínio do desconhecido, ouviu a voz do mundo visual, tangível".

Joyce, na mesma palestra, comenta como Giordano Bruno sistematiza de maneira plena esse ideal. Bruno propõe um dualismo segundo o qual cada poder gera um poder oposto, seja

13. James Joyce, *Scritti Italiani*, Milano, Mondadori, 1979, p. 181.

na Natureza, seja no Espírito. Um não pode realizar-se sem o outro. É essa interdependência que, para Joyce, reflete fielmente o fenômeno da Renascença. Como conseqüência, o Renascimento depõe uma mentalidade aguda, limitada e formal, que é a da Idade Média, para dar lugar a uma mentalidade "fácil e irrequieta". A Renascença põe em movimento um mundo tangível onde a imensidão física é amparada pelo Espírito do Humano. Para Joyce, à diferença do homem moderno que tem uma epiderme, o homem renascentista tem uma alma, o homem moderno desenvolveu um poder sensório de organismo, em prejuízo da faculdade espiritual[14].

Ainda na mesma conferência, Joyce observa que as obras significativas da modernidade são simplesmente amorais. Ao falar sobre o amor, ou tentar pô-lo em música, o artista moderno, para Joyce, reproduzirá cada pulsação, cada suspiro, cada sensação que se ligue a essa epiderme sensitiva, pois o homem moderno é movido pela obsessão por esse tipo de detalhe. O homem renascentista, pelo contrário, apóia-se na universalidade do que melhor caracteriza o humano e reproduz *os mundos, ou a complexidade dos mundos espiritual e físico, a partir do seu próprio valor em si, enquanto simples presença* (compare-se com o que foi observado sobre Rabelais anteriormente).

Joyce finalmente complementa que na Idade Média bastava que se desenhasse, por exemplo, uma idéia de solidão para as pessoas compreenderem o resto implícito. Nesse sentido, com o Renascimento, houve uma troca entre o sistema icônico medieval e o sistema universalista renascentista.

No mundo da Renascença a matéria não é mais prisão. O corpo já não consiste mais em um obstáculo para a espiritualidade. Pantagruel pode, então, de sua gigantesca humanidade transmutar-se em Natureza; sua boca torna-se mundo, seus con-

14. É interessante examinar esse ponto de vista pois ele amparará as concepções futuras de Joyce que o farão adotar uma posição cada vez mais aproximativa do mito em sua obra posterior. A conferência data de 1912, época em que está escrevendo o *Ulysses*.

tornos cedem e, pouco a pouco, transformam os limites humanos e corporais numa manifestação maior, macrocósmica que é a natureza enquanto Physis.

Absorvendo toda essa tensão, Joyce também refletirá, à sua maneira, a aventura da gigantificação mítica como foi tratada pelo Renascimento.

No *Ulysses* a descrição do "Cidadão" utiliza o processo de gigantismo lançando mão de comparações e imagens da natureza. Ao usar desse processo, entretanto, Joyce vai ultrapassar os limites do grotesco e situar-se num mundo para além dele. Na amplificação dos aspectos corporais do "Cidadão", Joyce recorre ao processo imagético que busca uma fusão entre os aspectos físicos do corpo humano e os aspectos físicos da natureza:

> *From shoulder to shoulder he measured several ells and his rocklike mountainous knees were covered, as was likewise the rest of his body wherever visible, with a strong growth of tawny prickly hair in hue and toughness similar to the mountain gorse (Ulex Europeus). [...] a powerful current of warm breath issued at regular intervals from the profound cavity of this mouth...*[15].
>
> [De ombro a ombro ele media várias varas e seus pétreos joelhos montanhosos se cobriam, como igualmente o resto de seu corpo onde visível, de rijos pêlos fulvos em matiz e dureza similar ao topo da montanha (*Ulex Europeus*). [...] uma poderosa corrente de ar morno saía, em intervalos regulares, da profunda cavidade de sua boca...]

Esse fragmento que já foi examinado anteriormente pode também exemplificar uma forma de ampliação.

O trecho conta com a ajuda de adjetivos que transferem a atmosfera da natureza ao Cidadão (*rocklike*, *mountainous* etc.) e de substantivos comumente usados para designar fenômenos naturais: crescimento (*growth*); corrente (*current*); bem como de referências a espécies de árvores (*Ulex Europeus*).

15. *Ulysses*, p. 291.

Note-se também que nessa construção gigantificada o dado deformante é um fator de força. A deformação acaba reforçando o conflito entre homem moderno e renascentista tal como Joyce contrasta em sua conferência sobre a Renascença: conflito entre epiderme e alma.

O Cidadão, se comparado ao Pantagruel do *Terceiro Livro*, fica aquém do humanismo e da universalidade. Joyce o transforma no emblema da univocidade e do literalismo. Ele é a personificação do patrulheiro ressentido que politiza a tudo e a todos e que sob o falso pretexto da "conscientização política" distribui julgamentos e ameaças de intolerância totalitariamente ao seu redor, vestindo-os de igualitarismo e avanço progressista. O cidadão é um ser incompleto, parcializado, unilateral, tanto quanto os papímanos (os maníacos pelo Papa) o são. Só que, no caso dos papímanos, a intolerância, o fanatismo e a literalidade se devem a um outro tipo de devoção tão igualmente avassaladora quanto a política: a religião.

Para usarmos a imagem que o próprio Joyce fornece em sua conferência italiana, diremos que o Cidadão padece de excesso de epiderme e que lhe falta uma alma. O Cidadão, em contraste com Pantagruel resiste à natureza. A gigantificação do Cidadão é a afirmação da potência e da força que ao fim e ao cabo se revela em ineficácia e ineficiência. Por isso, podemos dizer que Joyce, aí, toma o caminho inverso do de Rabelais. Em vez de fazer a passagem para o mito através da ampliação do humano em universal como faz Rabelais, Joyce interrompe a passagem ao mito. Seu Cidadão sai do universal e cai no particular.

Compare-se com outro momento no *Ulysses*, onde Joyce encaminhará sua personagem para o inverso. No monólogo final do livro, onde Molly Bloom divaga deitada na cama antes de pegar no sono. O processo de gigantismo modula-se claramente para uma ampliação que pouco a pouco incorpora Molly à natureza e ao universo:

[...] yes he said I was a flower of the mountain yes so we are flowers

all a womans body yes [...]. O and the sea crimson sometimes like fire [...] and the rose gardens and the jessamine and geraniums and cactuses and Gibraltar as a girl where I was a Flower of the mountain yes when I put the rose in my hair like the Andalusian girls used [...][16].

[...] é sim ele disse que eu era uma flor da montanha é sim isso somos todas flores um corpo de mulher é sim [...] O e o mar às vezes rubro como fogo [...] e o jardim de rosas e jasmim e gerânios e cactos e Gibraltar como a menina onde fui uma Flor da montanha é sim quando pus a rosa no cabelo como as moças da Andaluzia [...]

O trecho inteiro do monólogo interior de Molly é concebido como um processo de gigantismo que vai do particular até o mítico. Molly vai pouco a pouco sendo identificada com a mãe-natureza e acaba como Gea-Tellus. O monólogo, que começa em linguagem chã[17], desenvolve uma *imagerie* crescente onde os elementos da natureza (animais, plantas, mar, sol etc.) aparecem cada vez mais. Richard Ellmann observa que

[...] vindo depois da ordem seca, impessoal e pseudocientífica da maioria do episódio de Ítaca, o monólogo final oferece uma fecundidade pessoal, lírica... Molly apresenta-se sem portento, como a porta-voz da

16. *Idem*, pp. 767, 768.
17. Um dos pontos mais controvertidos de todo o livro em seu lançamento, o monólogo de Molly Bloom sofreu uma série de ataques desde então. Tachado de vulgar e inapropriado, ofensivo à moral das mulheres da época, foi uma das principais peças de acusação no processo de proibição do lançamento do livro nos Estados Unidos. Já na Inglaterra o escândalo girou muito mais em torno do uso da palavra *bloody*, considerada até aquele ponto tabu. O feminismo também atacou Joyce por ousar criar ou recriar a psique feminina. Ironicamente, o autor que fora criticado por "desvendar" os segredos íntimos da alma feminina, agora seria desqualificado para exercer essa função por pertencer ao sexo errado. Esse tipo de acusação é tosco e evidencia um raciocínio falacioso e literalista. É prerrogativa do artista o imaginar e o criar independentemente de seu sexo. Além disso, essa desqualificação feminista é também sexista em seu literalismo. Pela mesma lógica, nenhuma mulher pode criar um personagem masculino pois seria incapaz de imaginá-lo por ser mulher. Para mais detalhes quanto aos procedimentos míticos usados por Joyce nesse capítulo, ver Richard Ellman, *James Joyce*, New York, Oxford Press, 1959, e Walton Litz, *James Joyce*, Firenze, Il Castoro, 1980.

natureza... entretanto essa natureza de Molly não é indiscriminada; tal como ela a vê e como a representa, essa natureza escolhe com discriminação – Darwin também achou que a natureza escolhia com discriminação. Ainda assim, ela mantém uma aceitação suficiente para incorporar e semear o globo quase desértico do episódio de Ítaca com vegetais, pessoas, animais e objetos curiosos[18].

Mas Ellmann também opina que a mitologização de Molly é seguida de uma desmitologização, o que não está em desacordo com o caráter fundamentalmente irônico da obra. Para Ellmann, Joyce se diverte em "mitologizar Molly como Gea-Tellus e trazêla de volta ao chão, largando-a em cima do penico na rua Eccles número 7, tratando-a como um sapato velho"[19].

Que Joyce se divirta com isso é muito possível; entretanto, ao fazê-lo, está também obedecendo a uma economia interna do próprio mito de ampliação que inclui movimentos de ascensão e queda.

Preferimos ver tal atitude mais como um atributo da lógica implícita da apresentação mitológica dentro do esquema oferecido a ela pela sátira menipéia.

O humano natural e o cósmico

A amplificação que transforma o humano em mitológico é um *topos* não apenas literário. A Cabala ensina que o universo é o corpo de Adam Kadmon e é constituído pelos dez *seferots*. A tradição hermética e ocultista faz o mesmo fusionando os dez pontos de vibração divina (os nomes de deus) com partes do corpo humano e planetas do universo. Assim, à guisa de exemplo, Elohá reúne em si a vibração da beleza e da iluminação do sol. Por ser o sol identificado com Apolo, na tradição greco-

18. Richard Ellmann, *Ulysses on the Liffey*, London, Faber and Faber, 1984, p. 163.
19. *Idem*, p. 164.

romana, também Elohá vibra com as correntes da poesia, seu elemento é o ouro, sua planta o louro. O arcanjo correspondente a Elohá é Rafael[20].

A tradição da literatura mística também é rica de exemplos quanto ao uso do *topos*. Baudelaire, cujo fascínio por Swedenborg foi enunciado várias vezes, nota, em seu estudo sobre Victor Hugo de 1881, que "Swedenborg [...] já havia nos ensinado que *o céu é um grande homem*"[21].

Swedenborg, no parágrafo 59 em *Do Céu e do Inferno*, escreve:

> Que o céu em seu complexo represente um só Homem, é um arcano ainda desconhecido no mundo; mas nos Céus, este arcano é bem conhecido; a inteligência dos Anjos consiste principalmente em disso saber e conhecer as coisas particulares e singulares; daí também depende um grande número de coisas que, sem o conhecimento desse arcano como princípio comum, não entraria nem distinta nem claramente nas idéias de sua mente. Como eles sabem que todos os Céus com suas Sociedades representam um só Homem, é também por isso que eles chamam ao Céu de GRANDE HOMEM e de HOMEM DIVINO[22].

Jean Richer, comentando *La Géante* [*A Gigante*] de Baudelaire, observa que foi em Swedenborg que Baudelaire encontrou inspiração para o poema. Ele escreve que, para Baudelaire,

20. A literatura a respeito desses temas é imensa e apenas, para efeito de simples referência, indicamos Eliphas Levi, *Dogma e Ritual de Alta Magia*, São Paulo, Pensamento, 1973; *Cruz de Caravaca* (incluindo o ensaio sobre ocultismo de Papus), São Paulo, Pensamento, 1912. *Corpus Hermeticum*, Hermes Trismegistos [*Encyc. Brit.* (11th ed.), vol. XIII, art. "Hermes Trismegistus"]. Numa fórmula da "Tábua de Esmeralda", importante para essa escola, se declara que "o que está em cima é igual ao que está embaixo" (*The Hermetic Museum*, English translation Waite (London, 1893) vol. II, pp. 320-321. Cf. E. Underhill, *Mysticism*, New York, p. 191).
21. Aqui citado por Jean Richer, *Aspects Ésotériques de l'Oeuvre Littéraire*, Paris, Dervy, 1980, p. 149.
22. Emmanuel Swedenborg, *Du Ciel et de ses Merveilles et de l'Enfer*, Paris, J. O. Moët, 1819. Citado por Richer, *op. cit.*, p. 149.

"o universo é uma grande mulher e, inversamente e de maneira correspondente, a mulher é um universo em miniatura"[23].

A Grande Mulher então, para Baudelaire, representa os aspectos da natureza, e Baudelaire privilegia dois desses aspectos: a mulher como mãe e como tumba. Como observa Richer, a "Gigante" é, de fato, uma encarnação da Natureza[24]. Baudelaire também faz referências à "grande mulher" nos poemas 20, 23 [La Chevelure], 22, 24 [referência ao inferno e à Prosérpina]; poemas 26 e 34 [ref. os versos: Elle éblouit come l'Aurore / Et console comme la Nuit].

Para Baudelaire, o que estava em jogo nessa relação entre macrocosmo e microcosmo, corpo da mulher e corpo do universo é a sua teoria de correspondências, que tem origem não apenas na tradição hermética e na poesia mística como também nos mesmos escritos filosóficos que atraíram tanto Rabelais, quanto Joyce. Rabelais faz referências ao Picatrix, um famoso livro de escritos mágicos e herméticos da Renascença, em *Pantagruel* e parodia o médico, alquimista e ocultista de sua época, Cornelius Agrippa, como Her Trippa no *Terceiro Livro*. Além disso, como já foi comentado, Rabelais sofreu influência da filosofia de Nicolau de Cusa e da teoria dos mundos infinitos. O mesmo se dá com Joyce, cuja abordagem da teoria das correspondências vem de uma tradição também antiga, via escritos herméticos, Nicolau de Cusa, e sobretudo Giordano Bruno. Visto sob o signo da correspondência, o *Ulysses* com sua odisséia miniaturizada realiza o que escreveu o próprio Joyce, *sub specie temporis nostri*: um épico para uma época onde a épica se tornou impossível.

Em carta a Toussenel, datada de 21 de janeiro de 1856, Baudelaire escreve:

> Há muito tempo que digo que o poeta é *soberanamente* inteligente, que ele é *inteligência* por excelência [e] que a imaginação é a mais *cien-*

23. Richer, *op. cit.*, p. 150.
24. *Idem, ibidem.*

tífica das faculdades porque sozinha, ela compreende a *analogia universal*, ou o que uma religião mística chama de *correspondência*[25].

Gerard de Nerval em *Aurélia*, obra onde o poeta relata a crise de psicose que acabou levando-o ao suicídio, também fusiona natureza e mulher:

> A dama que eu seguia, desenvolvendo em sua alta estatura um movimento que fazia espelhar as pregas de seu vestido de tafetá iridescente, circundou graciosamente com seus braços nus uma longa haste de rosa-chá, depois começou a crescer sob um claro raio de luz, de tal forma que pouco a pouco o jardim tomou a sua forma, e os canteiros e as árvores se tornaram as rosáceas e os festões de sua roupa; enquanto que o rosto e os braços imprimiram seus contornos às nuvens purpúreas do céu. Perdia-a de vista à medida em que ela se transfigurava, pois ela parecia se esvair em sua própria grandeza. Oh! Não fujas! gritei... pois a natureza morrerá contigo![26].

Nessa evocativa imagem de Nerval, vemos com clareza a passagem que se dá entre a mulher em sua categoria particular e as proporções da natureza que se universalizam unindo micro e macrocosmo numa só imagem.

O capítulo do delírio nas *Memórias Póstumas de Brás Cubas* também evoca o *topos*, embora de forma diferenciada. Ali é a natureza que está personificada numa mulher jovem:

> Sei que um vulto imenso, uma figura de mulher me apareceu, então, fitando-me uns olhos rutilantes como o sol. Tudo nessa figura tinha a vastidão das formas selváticas, e tudo escapava à compreensão do olhar humano, porque os contornos perdiam-se no ambiente, e o que parecia espesso era muita vez diáfano[27].

25. Charles Baudelaire, *Correspondance*, ed. Claude Pichois e Jean Ziegler, Paris, Gallimard, 1973.
26. Gerard de Nerval, *Aurélia*, Paris, Poche, s.d., p. 29.
27. J. M. Machado de Assis, *Memórias Póstumas de Brás Cubas*, São Paulo, W. M. Jackson, 1957, p. 32.

Mas mesmo assim a descrição baseia-se na ampliação das formas e dos limites.

Em *FW* Joyce oferece também uma leitura inovada do mesmo *topos*, radicalizando ainda mais a já evocativa imagem de Nerval, com Anna Lívia Plurabelle. Em um dos níveis de leitura do livro, Anna Lívia ou ALP é a mulher de Humphrey Chipdem Earwicker (HCE). Mas, no mundo noturno do pesadelo da História[28], ALP se metamorfoseia constantemente. Se HCE é o homem universal, o *paterfamilias*, o *H*ere *C*omes *E*verybody, ele também é, por definição, Adão, Tristão, Osíris, montanha etc. Sua contraparte feminina, ALP também devidamente se torna Eva, Isolda, Ísis, nuvem e se torna o delta fértil do Nilo, a mãe universal de onde tudo emana (inclusive o próprio livro); ela é a "untitled mamafesta memorialising the Mosthighest"[29].

ALP em sua manifestação natural é nuvem (Nuvoletta) e cai como chuva e vira rio, toda a circularidade dos rios do mundo, do Liffey, que banha Dublin, ao Ganges ao Nilo. Ela é também o rio movente de Heráclito, cujas águas em movimento contínuo não são jamais as mesmas. ALP carrega a vida em sua correnteza e dá vida ao livro que emana de sua torrente, a primeira palavra em *FW* é *riverrun*.

ALP, enquanto anagogia, pode ser vista como o rio circular do tempo que flui a partir de Adão e Eva. No início de livro, já Joyce introduz o tema do mundo movente e da circularidade do tempo:

riverrun past Eve and Adam's, from swerve of shore to bend of bay, brings us by a commodious vicus of recirculation back to Howth Castle and Environs...[30]

28. Para citar um outro personagem joyciano, Stephen Dedalus, para quem, famosamente, a História é um pesadelo do qual ele está tentando acordar.
29. *FW*, p. 104 ("atitulada mamafesta memorializando o maistreito").
30. *Idem*, p. 3.

[riocorrente passa por Eva e Adão, da curva do litoral ao beco da baía nos traz de volta por um vico cômodo de recirculação a Howth, o Castelo Eemvolta...]

Estão aí os elementos condensados da história da humanidade em Adão e Eva, a descrição da natureza em permanente mudança, o rio que flui a curva da baía, a semicurva da praia, que reforçam com sua forma curva o tema da recirculação dos tempos, em referência a Vico e sua teoria dos tempos históricos (que ocorrem em ciclos de *corsi* e *ricorsi*). A referência a Cômodo (e a Gibbon em seu *Declínio e Queda do Império Romano*) também aí está para lembrar a repetição da história em níveis diferentes de experiência humana.

Se ALP é a grande mãe que fusiona o humano e a natureza, HCE é o grande pai das civilizações. As iniciais de seu nome se prestam a muitos títulos que ocorrem e recorrem no livro. O civilizador: Here Comes Everybody ([Aqui Vem Todomundo]; o *paterfamilias*: Haveth Childers Everywhere [Tenho Filhos Portodaparte]; Howth Castle and Environs [Howth, o Castelo Eemvolta[31]].

ALP e HCE em suas amplificações e metamorfoses dão forma ao grande mito cosmogônico do *FW*, e como tal abrangem não só a natureza e a civilização humanas em seus aspectos históricos mas em seus elementos cíclicos e circulares.

O ciclo de ALP começa quando esta é um jovem regato em Wicklow Hills, e esse regato se torna aos poucos um rio caudaloso e maduro, que vira o rio Liffey e assim carrega toda a sujeira da cidade (e das civilizações que criou). Joyce, aliás, já no *Ulysses* promove a identificação do rio Liffey com Anna, pois

31. Essas traduções são literais e não têm pretensão literária. Haroldo e Augusto de Campos traduziram trechos do *FW* de forma magistral. Ver *Panaroma do Finnegans Wake*, São Paulo, Perspectiva, 1973. E recente edição completa e bilíngüe de Donaldo Schuler, *Finnicius Revém/Finnegans Wake*, Cotia (SP), Ateliê Editorial, 1999-2004.

ali escreve, numa frase: "swans from Anna Liffey"[32]. A notar o interessante deslocamento e associação de "Liffey" com Lívia, que em inglês evoca imediatamente *life* [vida] e *live* [viver]. Ana, na mitologia judaico-cristã, é a mãe das mães. Da mesma forma, há um paralelo entre Molly Bloom e Anna Livia. Molly Bloom, entretanto, enquanto personagem possui um grau de verossimilhança maior que ALP. Esta tem uma presença figural e mitológica, pois não se pode dizer que no *FW* existam personagens propriamente falando. Mas mesmo assim, da mesma forma que Molly povoa sua casa estéril com plantas, animais e objetos da natureza, ALP exerce a mesma função e ambas podem ser subsumidas sob o epíteto que caracteriza ALP: "Bringer of Plurabilities" [Portadora de Plurabilidades].

ALP também se relaciona com as lavadeiras da beira do rio, do qual dependem para seu sustento. Ao fim do ciclo, dissolvendo-se no oceano, a água de ALP se evapora e sobe como nuvem, de volta para as colinas de Wicklow para descer como chuva e voltar ao regato, recomeçando o ciclo hidrológico mais uma vez.

O ciclo de HCE segue de perto e complementa as funções do ciclo mulher-natureza-universo-história. HCE é castelo, montanha, grande pai. Se ALP se degrada em Kate Lixívia, suja-se com a poluição da cidade e da civilização para dissolver-se no mar e voltar como água pura da chuva, HCE também deve cair e degradar-se para reiniciar o novo ciclo. Como lembram H. M. Robinson e J. Campbell,

> [...] faz parte do papel da jovem Anna quebrar a casca de HCE e liberar sua energia fixa. Torna-se função da velha Anna, a viúva, recolher os restos de seu fragmentado companheiro e dar a eles um novo começo. Como Joyce diz: "ela mantém o fogo aceso", converte o passado no futuro e demonstra um papel tipicamente feminino em sua preocupação com o futuro da raça[33].

32. *Ulysses*, p. 151.
33. J. Campbell & H. M. Robinson, *A Skeleton Key to Finengans Wake*, New York, Viking Compass, 1975, p. 11.

ALP também comanda o ciclo diurno, identificando-se com o sol, como nas tradições celtas onde as mulheres é que são relacionadas ao sol e os homens à lua. Isolda, uma das faces de ALP, é a tipificação do mito solar celta, com seus cabelos louros e longos e seu poder regenerador e curativo, sua atração e brilho, sobretudo durante o solstício de verão (época em que dá de beber o filtro de amor a Tristão). E, correspondentemente a essa Isolda, HCE comandará o ciclo noturno, sofrendo em seu sonho o pesadelo da história, personificando a lua como Tristão, "violer d'amores, fr'over the short sea"[34] ["violeiro d'amores vindo do curto mar"]. Temos então, reunidos também na mesma amplificação radical que Joyce intentou com o *FW*, os ciclos do dia e da noite, e os movimentos do sol e da lua, com seus equinócios e solstícios.

ALP e HCE se fundem nas imagens de transformação do humano em mito de forma radical. Em Baudelaire, em Nerval e em Machado, a amplificação do humano se dá sob forma imagética que ascende ao símbolo virando mito. Em Joyce, a concepção é radical e engloba um isomorfismo. A concepção que ordena a linguagem do livro é também a linha mestra que perpassa a concepção das figuras que aí aparecem. Se uma das palavras-chave do livro é *riverrun*, outra igualmente importante é *continuarration*[35] [continuarração].

Ao seguir alguns fios dessa meada, como o *Tristão e Isolda* de Bédier, David Hayman aponta para o fato de que, embora Joyce tenha procurado seguir em detalhe um sem-número de referências tanto de Bédier quanto de outros autores, "nenhum desses detalhes corresponde precisamente ao que Joyce finalmente escreveu, ou talvez *porque* nenhum deles corresponda, as similaridades são intrigantes"[36]. E mais adiante:

34. *FW*, p. 3.
35. *FW*, respectivamente, p. 3 e p. 205.
36. David Hayman, *The "Wake" in Transit*, Ithaca and London, Cornell University Press, 1990, p. 128.

Joyce, obviamente, não se limitou à necessidade de sobrepor e até mesmo transpor o passado e o presente, o real e o mítico. Ele também queria imaginar integralmente, primeiro a si mesmo, e depois seu universo. Embora seu foco não fosse puramente pessoal, seus cadernos de notas mostram que sua vida privada, como os produtos criativos de sua personalidade, forneceu estímulos extremamente poderosos. Mais do que nunca, ele queria transpor um auto-retrato que descrevesse "a curva de uma emoção". Embora o retrato não fosse concebido cronologicamente, o princípio de repetição cíclica, de desenvolvimento como função da *stasis* persistiu. Ou melhor, esse princípio foi acentuado, levado à sua conclusão lógica, e tornado ainda mais enfaticamente universal com a ajuda de Bruno e Vico *inter alia*. Ele se transformou, para incluir desenvolvimentos históricos, culturais, religiosos e cósmicos, em uma concepção mais ampla[37].

Ao trabalhar com duas figuras amplificadas, ALP e HCE, Joyce está também avançando as teorias de correspondência e fusão dentro de um campo filosófico conhecido. Imbuído das idéias de Giordano Bruno, Joyce contrabalança as correspondências com as teorias de complementaridade de Bruno.

Há complementaridade entre ALP e HCE como também o há na apresentação dos filhos destes: Shem e Shaun, que funcionam dentro de uma polaridade antagonística mas complementar. O senso de caos de um não vive sem o senso de ordem do outro e vice-versa, para que haja renascimento é necessária a destruição do caos e o reordenamento dos elementos. Da mesma forma há complementação entre a mãe, Anna Livia, e a filha, Isabel, ou Issy.

Podemos encarar o livro como uma série de círculos concêntricos onde o mais distante nos mostra o pesadelo da história da humanidade. O mais próximo, como muitos comentadores do livro acreditam, seria o núcleo que deriva do que se supõe ser um único indivíduo sonhando no centro do livro, mais ou menos nos moldes de Vishnu sonhando o mundo. Esse núcleo particular mostra um taverneiro em Chapelizod, ao norte

37. Hayman, *op. cit.*, p. 129.

de Dublin, perto do rio Liffey, cujo nome coincide com HCE (Earwicker), mas que pode também se chamar Porter, cuja mulher e filhos são respectivamente Anna Livia, Isabel, Jerry e Kevin. Eles possuem dois empregados, um rapaz e uma faxineira, vizinhos e no momento em que o livro acontece há doze fregueses bebendo no *pub* (os convidados do velório de Finn). Um outro aspecto desse Porter seria seu duplo, Finn (já que Porter descende de escandinavos)[38].

O maior impacto do *FW* talvez seja o de afirmar a circularidade e a ciclicidade radical que envolve o tempo e a história e aí inserir uma outra circularidade: a da linguagem. Para Joyce, a circularidade pode não ser repetitiva, entretanto. Joyce utiliza uma concepção muito particular da teoria da história de Vico. Ele tendia a encarar os *corsi* e *ricorsi* de Vico não como historicidade real mas como metáforas de transformação, e entretanto, há ambigüidade em seu tratamento do tema. Por mais que se tenha escrito sobre Joyce e Vico, não fica claro se Joyce, ao lançar mão do conceito de "pesadelo da história", assim o fez porque a história *real* que o envolvia, sobretudo a história problemática da Irlanda e suas relações com o Reino Unido, lhe pesava sobremaneira e a mudá-la preferia "mudar de assunto" (como Stephen afirma em *Ulysses*); ou se o pesadelo da história era a própria repetição circular, onde somos obrigados a repetir os mesmos erros já que o tempo não consegue mudar a ordem dos acontecimentos. Nesse sentido, a história é uma a-historia, é uma história que se nega a si própria, é uma história que não comporta eventos e conseqüências imprevisíveis.

Seja como for, podemos interpretar o *FW* de duas maneiras, pelo menos: como uma tentativa de arrancar o humano desse pesadelo da história, ou como uma afirmação de que desse pesadelo não há saída. Como dissemos, tudo depende de qual con-

38. Northrop Frye, "Cycle and Apocalypse in FW", em D. Ph. Verene (ed.), *Vico and Joyce*, New York, State University of New York Press, 1987, pp. 11 *et passim*.

ceito de história se trata e Joyce não deixa isso claro. O pesadelo pode estar tanto do lado da falta completa de opção (hipótese circular) quanto da falta de meios individuais para mudar uma história feita de eventos (hipótese de tempo linear).

Um aspecto muito pouco estudado é a influência que Edgar Quinet[39] teve em Joyce[40]. Este se interessou sobretudo pela *Introduction a la Philosophie de l'Histoire de l'Humanité* onde Quinet discute os conceitos de história de Vico e Herder[41]. Joyce se baseia livremente em Quinet, sobretudo no início da *Introduction...*, quando este, ao afirmar que somente o ser humano tem consciência dos tempos que o precederam, se utiliza de uma analogia para falar da consciência histórica. Quinet, com seu estilo peculiar, escreve que "Em sua natureza complexa [o homem], sente em si, reconhece em si a obra combinada dos séculos"[42]. Joyce vê aí um pretexto para liberar sua imaginação[43], o que aliás também faz com Vico, e dá uma interpretação

39. O interesse de Joyce por Vico deve ter sido despertado no início dos anos 20 em Paris, já que, na biblioteca que ele deixou em Trieste, não havia nenhum traço desse autor. Segundo Constantine Curran (*James Joyce Remembered*, London, Oxford University Press, 1958, pp. 86-87), Joyce emprestou-lhe a tradução da *Scienza Nuova* que Michelet havia feito. Joyce apreende Vico através basicamente de Michelet e de Quinet. Joyce inclusive cita Quinet quase que literalmente: "Aujourd'hui comme aux temps de Pline et de Columelle la jacinthe se plait dans les Gaules, la pervenche em Illyrie [...] fraiches et riantes comme aux jours des batailles". [Hoje, tanto quanto nos tempos de Plínio e de Columela, o jacinto brinca na Gália, a pervinca na Ilíria [...] frescos e sorridentes como nos dias das batalhas] (*FW*, p. 281, linha 14; 14, 35 e p. 236, linha 19).
40. "The ol-old stoliolum! From quiqui quinet to michemiche chalet and jambebatiste to a brolobrulo!" ["O vel-velho stolium! De quiqui quinet a michemiche chalet e jambebatista a brolobrulo"], jogo de palavras que inclui Quinet, Michelet, Giambattista Vico e Bruno (*FW*, p. 117, linhas 10-12).
41. Edgar Quinet, "Introduction à la philosophie de l'histoire de l'humanité", em *Œuvres Complètes*, Paris, Pagnerre, 1857, vol. II.
42. Quinet, *op. cit.*, p. 350.
43. Joyce disse a Tom Kristensen (em Copenhagen, agosto de 1936): "Não acredito em ciência alguma, mas minha imaginação se excita quando leio Vico como não acontece quando leio Freud or Jung" (citado por Ellmann, *op. cit.*,

particular a essa história imbuída dentro do homem, que forma a base do pesadelo que apresenta em *FW*: uma história onde os tempos são indiferenciados. É a idéia de Quinet que um indivíduo concentra em si toda a história, idéia que vai também atrair Michelet e Coleridge, que vai convencer Joyce a escrevê-la. É digno de nota que Joyce não parodia a linguagem original de Vico, a quem poderia perfeitamente ter lido tanto em latim no original quanto em italiano, mas sim o estilo da prosa de Quinet e de Michelet!

Na metade de seu complexo texto, Quinet oferece a reflexão, em sua crítica a Herder e a Vico de que

> [...] a história, tanto em seu começo quanto em seu fim, é o espetáculo da liberdade, o protesto do gênero humano contra o mundo que o acorrenta, o triunfo do infinito sobre o finito, a liberação do espírito, o reino da alma[44].

E é exatamente com esse conceito de história enquanto libertação do eterno ciclo de repetição que Quinet se distancia de Joyce.

Entretanto, ao final de sua *Introduction...*, Quinet ousa mencionar uma questão totalmente nova e ousada para sua época. Ele se pergunta, antecipando as futuras pesquisas científicas que buscam envolver genética, evolução e história, "como as lembranças da espécie se refletem nas do indivíduo? [...] que lei elas impõem à sua atividade pessoal?"[45]

p. 706). Joyce também escreveu para Harriet Weaver, em carta de maio de 1926 (*Letters*, I, p. 241): "Eu não prestaria muita atenção a essas teorias [Vico e Bruno] além do fato de que as usei pelo que valem, mas elas foram gradualmente me penetrando através das circunstâncias de minha própria vida". Depois disso, Joyce ainda chegou a afirmar a Padraic Colum: "Eu não tomo as especulações de Vico literalmente. Apenas uso seus ciclos como chassis" (Mary Colum & Padraic Colum, *Our Friend James Joyce*, Gloucester (Mass.), Peter Smith, 1968, p. 62).

44. Quinet, *Introduction*, p. 366.
45. *Idem*, p. 381.

Questões estas que Quinet, reconhecendo a dificuldade das respostas, recusa-se a responder. Para ele, não é mais a história que se dá aí, tal como a aprendemos nos livros, ou lemos nas pedras ou no solo,

> [...] mas [a história] tal como ela está refletida e escrita no fundo de nossas almas, de forma que aquele que realmente preste atenção a seus movimentos interiores reencontrará a série inteira dos séculos enterrada em seus pensamentos[46].

Em suma, essa história vivida pelo indivíduo é, para Quinet, um fenômeno e como tal faz parte do mundo real. Ela não é apenas um exercício da imaginação histórica. Essa história tem uma base que hoje em dia poderia fazer parte do campo de uma "história evolutiva", como tenta fazer a relativamente nova disciplina da psicologia evolucionária.

Não há como negar o impacto dessa concepção em Joyce, e o *FW* constituiu o campo experimental por assim dizer desse conceito de história avançado por Quinet. Entretanto, mesmo que Joyce pudesse até ter atribuído a ele um valor heurístico, pelo fato de tê-lo transposto à literatura e usado o campo da imaginação criativa, se livrou do grande problema que ronda as ciências "duras" que é provar que suas hipóteses funcionam.

Na conversa entre Kristensen e Joyce (citada na nota 43, atrás) aquele pergunta a este se acreditava na *Scienza Nuova* de Vico. A resposta foi que ele não acreditava em ciência nenhuma mas que sua imaginação se animava quando lia Vico, o que não acontecia quando lia Freud ou Jung. Comentando essa historinha, Umberto Eco coloca em questão a "influência" que Vico teria tido sobre Joyce, no sentido de uma verdadeira "formação" ("formação" que é repetida sem muito questionamento por grande parte da crítica joyciana). Escreve Eco:

46. *Idem, ibidem.*

> [...] podemos nos perguntar se a descoberta de Vico, que teve um papel determinante na elaboração de sua última obra, modificou em profundidade uma atitude mental elaborada ao longo dos primeiros anos da vida de Joyce. Este tinha mais de quarenta anos quando leu a *Scienza Nuova*. Joyce encontrou na interpretação que Vico dá à história a estrutura mesma de *Finnegans Wake*, sem que essa leitura tenha modificado suas perspectivas estéticas. O conceito de ciclos históricos se insere, em Joyce, no quadro de uma sensibilidade pânica e cabalística mais influenciada pela Renascença do que pelo sentimento moderno de historicidade. Vico não foi, para Joyce – e este reconheceu – uma experiência interior, mas uma experiência intelectual a explorar[47].

Por outro lado, como já apontamos acima, o linguajar viquiano de Joyce é na verdade um compósito que funde tanto Quinet quanto Michelet. O Vico de Michelet se lê como uma alusão sem fim a estórias e histórias sobre ressurreição e renascimento. Essa alusão persistente, segundo Peter Hugues,

> [...] que Michelet e Pound relacionam à invocação dos mortos em Virgílio e Homero se tornou um tema obsessivo dos escritos modernistas e da abordagem moderna da história. Algumas vezes a alusão é direta [...] [como no *Canto* I de Pound], que é uma imitação da *nekuia* do livro XI da *Odisséia*, uma evocação dos mortos que se estende à evocação de um passado perdido [...]. Tentativas de exumar o passado ocorrem em *The Waste Land* [...] até mesmo os esforços de Joyce de exumar Defoe como o fundador do realismo na literatura inglesa começa com um travestimento da Ressurreição: a exumação dos cadáveres apodrecidos de Cromwell e Ireton pela restauração dos realistas, para decapitação[48].

Hugues ainda comenta que, dentro da visão de História de Michelet, ressurreições requerem enterros e renascimentos requerem mortes e o que levou Michelet a se aproximar de Vico foi a busca "de uma forma de renovação da vida do passado,

47. Umberto Eco, "De la Somme à 'Finnegans Wake'. Les Poétiques de Joyce", *L'Oeuvre Ouverte*, Paris, Seuil, 1965, p. 174.
48. Peter Hugues, "From Allusion to Implosion", em Donald Ph. Verene (ed.), *Vico and Joyce*, p. 88.

que tinha sido destruído e enterrado, relegado ao esquecimento pelas revoluções e contra-revoluções que haviam começado em 1789"[49]. O que atraiu Joyce a Michelet e ao Vico de Michelet foi a esterilidade e a falta de vitalidade de seu passado irlandês e seu senso de história como pesadelo. Michelet quando descreve a Paris de sua infância também fala de um senso de morte e de ruas vazias, cemitérios com excessos de mortos[50].

Acrescente-se a essa experiência intelectual o fato de que Joyce vivia intensamente o trabalho de condensação que desenvolveu na linguagem do *FW*. Eco tem razão em apontar para outras fontes de inspiração, sobretudo a Cabala e a filosofia renascentista. Refletindo uma preocupação com a energia de cada letra e sua possível simbologia oculta, Joyce chegou a um ponto onde acreditava que recitar partes do *FW* em voz alta desencadearia poderes mágicos ocultos.

Quanto à concepção de ciclos históricos, sabemos que a filosofia de Giordano Bruno constituiu uma influência anterior a Vico e deixou marcas indeléveis. Bruno escreveu em várias partes de suas obras a respeito dos ciclos. Em um desses momentos, observa que

> [...] a terra se move para que se possa renovar e nascer novamente, não podendo perdurar para sempre sob a mesma forma. Pois as coisas que não podem ser eternas como indivíduos [...] são eternas como espécies [...]. A terra muda todas as suas partes de tempos em tempos numa

49. *Idem*, p. 89.
50. "Moi, mon enfance, et la fin de l'Empire. *Dies irae dies illa* [...]. Rien ne m'a plus aidé a comprendre la sombre monotonie do Moyen Age, l'attente sans espoir sans désir sinon celui de la mort [...]. Sombre était la France; la lumière ne brillait que sur l'armée, hors la France, sur tel ou tel nom barbare (Michelet, *Journal* I, p. 621). ["Eu, minha infância, e o fim do Império. *Dies irae dies illa* [...]. Nada me ajudou mais a compreender a sombria monotonia da Idade Média, a espera sem esperança, sem desejo senão de morte [...]. Sombria estava a França; a luz apenas brilhava no exército, fora da França, sobre esse ou aquele nome bárbaro".]

certa ordem e assim, se renova [...]. E nós mesmos e as coisas que nos são pertinentes vamos e voltamos, passamos e repassamos [...][51].

Um outro fator é a questão da hipótese da infinidade dos mundos, proposta por Nicolau de Cusa, e, como já observamos, encampada por Rabelais, por Bruno e por Joyce, sendo por este reinterpretada dentro da concepção concêntrica de história que estamos discutindo. Aqui está o trecho em Rabelais onde o narrador do *Terceiro Livro* comenta a possibilidade não apenas da infinitude dos mundos, mas, mais ousadamente, fala da possibilidade de que um dia os descendentes de sua geração, por força das necessidades, inventarão uma fonte de energia (semelhante ao poderoso Pantagruelion [o cânhamo] cujas qualidades são louvadas nos três capítulos finais do livro) e através dela,

[...] moyenant laquelle pourront les humains visiter les sources des gresles, les bondes des pluyes, et l'officine des fouldres; pourront envahir les régions de la lune, entrer le territoire des signes celestes, et là prendre logis, les uns à l'Aigle d'or, les aultres au Mouton, les aultres à la Couronne, les aultres à la Harpe, les aultres au Lion d'argent; s'asseoir à table avecques nous et nos Déesses prendre à femmes, qui sont les seulx moyens d'estre déifiéz[52].

[...] através da qual poderão os humanos visitar as fontes da geada, os reservatórios das chuvas, e a oficina dos raios; poderão invadir as regiões da lua, entrar no território dos signos celestes, e lá habitar, uns na Águia de Ouro, outros no Carneiro, outros ainda na Coroa, e outros na Harpa, e mais outros no Leão de Prata; sentar-se-ão à mesa conosco [deuses] e Deusas tomaremos como esposas, pois esse é o único meio de nos deificarmos.

Portanto, Rabelais não vê apenas a possibilidade de mundos incontáveis além da Terra. Ele também acredita que no fu-

51. Giordano Bruno, *La Cena dei Ceneri*, I, p. 29. Citado por Frances Yates, *Giordano Bruno e a Tradição Hermética*, São Paulo, Cultrix, 1988, p. 270. Ver também trechos similares em Bruno, *Sobre o Infinito, o Universo e os Mundos*, São Paulo, Abril, 1973.

52. *Tiers Livre*, p. 509.

turo a humanidade poderá habitar em tais mundos, alguns na constelação do Carneiro, outros na de Leão e assim por diante.

Frances Yates comenta que

> Bruno ficou célebre nas histórias do pensamento e da ciência não só por ter aceito a teoria copernicana, mas pelo maravilhoso salto da imaginação com que concatenou a idéia da infinitude do universo às teorias de Copérnico – uma extensão teórica que não foi ensinada pelo próprio Copérnico. Bruno povoou esse seu universo infinito com inúmeros mundos, que se moviam todos no espaço infinito – rompendo, assim, o universo fechado de Ptolomeu, e dando início a concepções mais modernas. Os leitores que se familiarizaram com uma abordagem de Bruno mais comum do que a adotada neste livro saberão que os antecedentes das idéias de Bruno sobre o infinito foram encontrados em Nicolau de Cusa[53].

Bruno vai mais além do que Cusa poderia ter ido, entretanto. Ao inspirar-se na *coincidentia oppositorum* de Cusa, Bruno vai conceber um universo onde o número infinito de entidades vai do micro ao macrocosmo, do ínfimo ao máximo, mas, em vez de ver aí uma simples progressão, Bruno concebe, em vez disso, em cada uma das entidades, mesmo as mais ínfimas, uma infinitude que reflete o todo.

Explicando a relação entre Cusa e Bruno, Émile Bréhier observa que para ambos a hierarquia dos seres contém, em cada estágio, toda a realidade possível, mas sob aspectos diferentes. Assim, o Um contém todas as coisas, bem como a Inteligência, a Alma, e o mundo sensível; porém se no Um elas são indivisíveis, na Inteligência há uma visão intuitiva que vê em cada uma todas; a Alma as liga pelos laços da razão discursiva, e o mundo sensível as torna exteriores umas às outras. É o conhecimento de todas essas instâncias, visto de forma quantitativa, ou seja, mais ou menos profundo, que interessa ao filósofo muito mais do que o ser de cada instância. Para Nicolau de Cusa, o

53. Yates, *op. cit.*, p. 272.

princípio do conhecimento intelectual das coisas é a *coincidentia oppositorum*; e o da contradição, o do conhecimento racional. Giordano Bruno vai além e acaba rompendo com a oposição entre sentido e inteligência, concepção de base no platonismo, pois sustenta que há no sentido participação da inteligência[54].

Joyce engloba tanto o recurso à dialética dos contrários de Bruno quanto a coincidência de opostos de Cusa. Elas servem para definir as relações entre Bloom e Stephen no *Ulysses*, entre ALP e HCE e entre Shem e Shaun no *FW*. Ao renunciar à história linear, o *FW* retoma os dualismos complementares que já comentamos. O mundo do *FW* é um mundo de polaridades opostas e complementares que, no fim, acabam por se confundir com os processos com os quais Rabelais também trabalha, estabelecendo uma ligação entre os ciclos da natureza e os do homem. J. Campbell & H. M. Robinson observam que

> [...] desvestido de seus caracteres incidentais, pode-se dizer que o livro é um compacto de antagonismos suplementares mútuos: macho e fêmea, idade e juventude, vida e morte, amor e ódio [...] onde quer que Joyce olhe para a história da vida humana, acabará descobrindo a operação dessas polaridades básicas. Sob o aparente aspecto de diversidade [...] essas constantes permanecem inalteradas[55].

Em Rabelais, que viveu antes de Bruno, a complementaridade dos contrários se dá entre Pantagruel e Panurge. Pantagruel é o elevado universal, o humano amplificado; Panurge é o rebaixado particular, o humano parcializado. Rabelais resolve a herança medieval, a *ordo* escolástica, apelando à *ordo* universal e humanista do Renascimento. Joyce, cuja educação jesuíta o imbuiu de filosofia medieval, também vai responder à essa tradição à sua maneira. Segundo Eco, Joyce

54. Ver, Émile Bréhier, *Histoire de la Philosophie*, Libraire Félix Alcan, Paris, 1928, vol. I, pp. 498, 499, 520, 521, 522.
55. Campbell & Robinson, *op. cit.*, p. 14.

"demanda à ordem medieval garantir, precisamente, a existência do mundo novo que descobriu e escolheu"[56].

Para Eco, ainda, as correspondências simétricas, os eixos cartesianos, as grades modulares do *Ulysses* são esquemas análogos aos da *Summa Theologica*. Para ele, a utilização desses esquemas é "a prova de que Joyce assume totalmente, nessa fase de sua atividade, a *forma mentis* medieval e a poética escolástica da qual Stephen acreditava ter se livrado"[57].

Eco nos convida a reconhecer em Joyce a convivência de um espírito medieval dentro da modernidade, de certa forma, fazendo coincidir os termos que o próprio Joyce utilizou, em sua palestra italiana, para definir o homem renascentista e o homem moderno, quando escreveu que o homem renascentista tinha uma alma e o homem moderno uma epiderme. Porém Eco não faz nenhuma referência aos escritos italianos de Joyce. Ao tentar romper com a escolástica medieval, Joyce pensou que podia a ela escapar através de seu investimento nos modelos renascentistas e com eles, em Bruno. Entretanto, sua obra resulta numa depuração tanto da ordem escolástica quanto do modelo universalista renascentista aliado a um impulso de experimentação que o leva à fragmentação desses mesmos modelos através da ironia.

Para os que gostam de rótulos, estaria aí uma definição eficiente de "pós-modernismo". Não há como fazer a coincidência de opostos entre alma e epiderme sem fragmentar uma e outra e assim abalar tanto uma quanto outra. É desse conflito, afinal um conflito "moderno", que nasce o problema joyciano. Problema que Joyce só conseguirá enfocar através do uso radical da ironia.

O iluminismo de Vico, com sua revisita das eras de ouro, prata, bronze e ferro da tradição grega e romana, também oferece a Joyce uma saída através do irônico. Para reinventar e revivificar

56. Eco, *op. cit.*, p. 233.
57. *Idem*, p. 234.

a fertilidade da palavra criadora e metafórica da era de ouro, será preciso reinventar e reevocar o mito inteiramente, criando um novo *corso*. Se no *Ulysses*, não é mais possível, em nossa idade de ferro, escrever a epopéia de uma idade do ouro, será a ironia salvadora de escrever o mito dentro do possível, *sub specie temporis nostri*, que oferecerá a saída criativa ao escritor. A empreitada do *FW*, por sua vez, vai se inserir dentro da mesma lógica, porém a ambição aqui será a de *reforjar* o mito e com ele reestabelecer uma nova idade do ouro[58].

58. Peter Hughes comenta que: "Para Joyce o 'recurso' está centrado no 'wake' e seus diversos significados como acordar, morrer e ressuscitar; todos os quais devem ser expressos através da imaginação do escritor, que não trabalha mais através da memória dos acontecimentos e percepções, como no *Ulysses*, mas em vez disso, através da memória das palavras. Isso é o que causa a transformação e a deformação de estilo do *FW* cujo princípio básico é o princípio do jogo com as palavras. 'No princípio' como Beckett coloca, 'fez-se o trocadilho'" ("From Allusion to Implosion", *op. cit.*, p. 86).

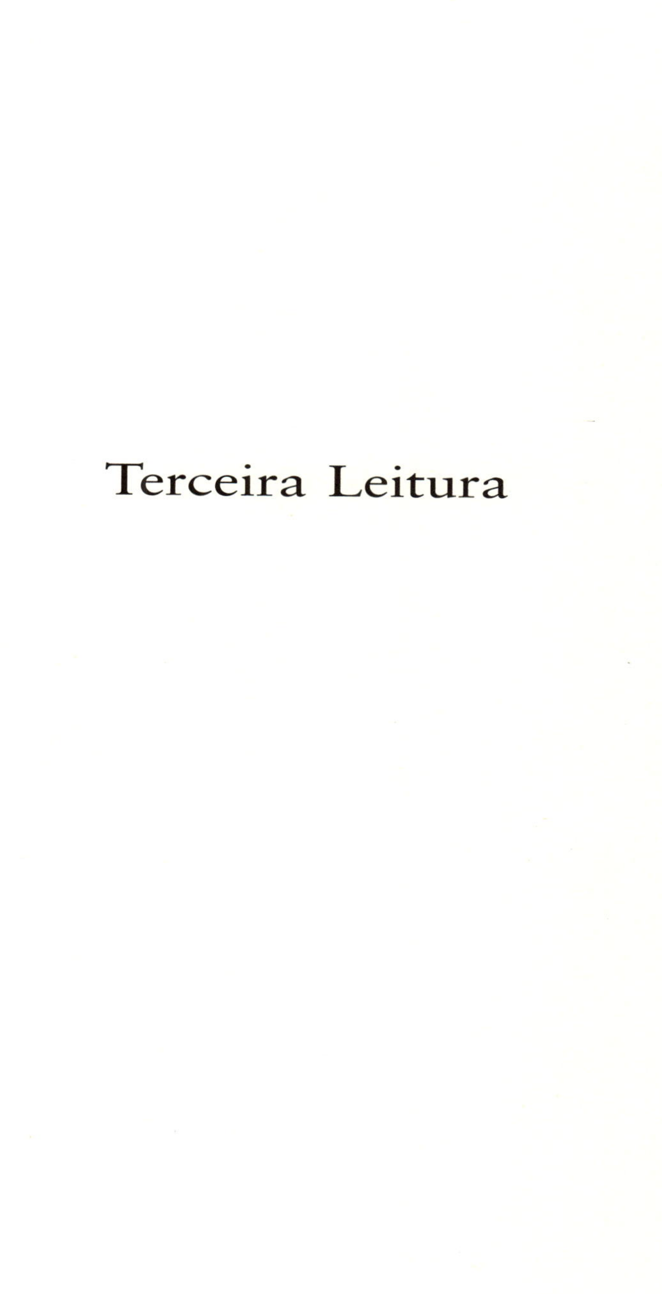

Terceira Leitura

3

Os Mundos do Mito e da História

A adoção dos *corsi* e *ricorsi* de Vico por Joyce serviu ao propósito de dar forma a uma visão cíclica da história que o autor também havia adquirido com Cusa e Bruno. Mas Joyce também buscou informação no Budismo esotérico, na Antroposofia de Mme Blavatsky, em A. P. Sinnet e outras fontes de hermetismo e ocultismo[1].

A *continuarration* do *FW* toma a forma de uma circularidade literal, "iniciando" o livro com a palavra *riverrun* (em letra minúscula) e "terminando-o" com *a long the*, o que daria, numa leitura circular: *a long the riverrun...* etc. O livro assim não começa e nem termina, mas narra continuamente.

Por isso, pode-se dizer que há uma circularidade radical em *FW*, já que essa une forma e conteúdo. Apontamos também para o problema de conceber a história enquanto ciclicidade, já que uma tal posição implicaria a negação da idéia de ato e de fato. Numa história que sempre se repete, ainda que reencarnando-se em fenômenos e personagens diferentes, não pode haver verdadeira ação ou fato pois o *acontecimento* novo não poderá alterar significativamente o curso do já vivido e do já experimentado. Se Napoleão repete César que repete Alexandre que

1. Vide, por exemplo, as leituras de Joyce em S. Gilbert, *James Joyce's Ulysses*, New York, Vintage, 1958. Sobretudo o capítulo "Met-him-pike-hoses".

repete um arquétipo divino e assim por diante, não haverá especificidade individual, fenômeno novo algum ou acontecimento que faça com que as circunstâncias nas quais essas personagens históricas surgiram e se fizeram se diferenciem e criem um mundo diferente, com conseqüências diferenciadas para cada contexto e caso. A relação entre causas e efeitos se anula em detrimento de um determinismo estruturante e fechado que só valida e reconhece aquilo que pode ser repetido.

A História, deste jeito, passa a ser Mito e renuncia seu poder descritivo e discriminador em detrimento de uma narrativa homeostática, que, se difere nos detalhes, em sua essência permanece imutável.

A aquisição de uma mentalidade histórica, por outro lado, não acontece de imediato.

No bem conhecido livro sobre o mito do eterno retorno, Mircea Eliade sugere que as concepções de Ser e Realidade para a mente arcaica não têm o valor intrínseco autônomo que a mentalidade moderna lhe confere. Para o homem arcaico, uma ação, um gesto, um acontecimento só têm realidade se participarem de algo que lhes transcenda. A realidade, portanto, é função de imitação de um arquétipo celeste. Os acontecimentos só terão significado real se repetirem algum ato que já foi praticado *ab origine* por deuses, heróis ou antepassados. A realidade é, assim, atingida pela repetição ou pela imitação, seja de gestos considerados por alguma razão paradigmáticos, seja de arquétipos modelares. Essa concepção repetitiva, ao conferir realidade a certos rituais, abole, então, implicitamente a noção de tempo "profano", isto é, toda a História, já que essa não corresponde à "realidade" mítica e ritual valorizada.

Cria-se um tempo mítico que suspende o curso do tempo profano. Como conseqüência, a mente arcaica aceita mal a idéia de História e se esforça para aboli-la. Um acontecimento "histórico", um feito de um herói, por exemplo, é recordado apenas paradigmaticamente, isto é, naquilo em que imita o herói mítico que lhe serve de modelo.

O homem arcaico, diz Eliade, tenta opor-se por todos os meios à história, pois esta é "vista como uma série de acontecimentos irreversíveis, imprevisíveis e de valor autônomo"[2].

As teorias do "Grande Tempo" são associadas ao mito das idades sucessivas que sempre principiam com a idade do ouro. Quer se trate de uma doutrina de tempo cíclico infinito ou limitado, a idade do ouro pode ser recuperável, pois pode ser repetida. A tradição indiana, que também influenciou Joyce, fala das "Yugas", grandes eras que dividem o tempo e que vão se degradando à medida que se aproximam da contemporaneidade. Nossa era, segundo essa tradição, é a era de Kali, "Kali Yuga", que equivale à idade de ferro de Hesíodo, época de caos, assassínios, fome, guerras e destruição. Para Hesíodo as eras se sucedem em ouro, prata, bronze e ferro.

O mito do eterno retorno criado pelos gregos é uma tentativa de estratificar o devir e anular a irreversibilidade do tempo. Escreve Eliade:

> [...] do ponto de vista da eterna repetição, os *acontecimentos* históricos transformam-se em categorias, e retomam, assim, o estatuto ontológico que possuíam no panorama da espiritualidade arcaica. Num certo sentido, podemos até afirmar que a teoria grega do eterno retorno é a variante última do mito arcaico da repetição de um gesto arquetípico[3].

A concepção de tempo cíclico e de regeneração periódica da História acabou penetrando na filosofia cristã. Embora tenham sofrido uma forte oposição por parte de autores cristãos – pois o conceito de tempo no cristianismo se desenvolve em linha reta partindo da queda de Adão e chegando ao Juízo Final e à Redenção – as teorias da ciclicidade foram sendo adotadas na Idade Média, seja por teólogos, seja por filósofos, tais como Clemente de Alexandria, Alberto Magno, Tomás de Aquino, Roger Bacon, Dante Alighieri, entre outros.

2. Mircea Eliade, *O Mito do Eterno Retorno*, Lisboa, Edições 70, 1985, p. 109.
3. *Idem*, p. 137.

Durante o Renascimento, as teorias astronômico-astrológicas cíclicas de Tycho Brahe, Kepler, Giordano Bruno, Marsilio Ficino convivem com a concepção linear do tempo professada pela filosofia e teologia.

O confronto entre a concepção linear de história e o tempo cíclico (que parece amainado na Renascença) voltará a ser problemático a partir do século XVIII, com o desenvolvimento de uma nova representação do devir histórico. Por outro lado, como observa Ricardo Terra, é Agostinho quem

> [...] inaugura uma forma de pensar os acontecimentos num tempo contínuo, a humanidade redimida por Cristo marcha para o reino celeste; afasta-se, pois, da concepção secular da história, o que não significa que sua concepção de progresso – termo que não utiliza – seja a mesma dos modernos[4].

Para os que advogam que tenha sido a fé cristã e judaica que origina a filosofia da história (e não o século XVIII), ainda argumenta Terra, citando Karl Löwith, que

> [...] a doutrina da repetição eterna tanto na natureza, quanto na cidade (com os ciclos das formas de governo) é vista como uma desesperança, porque a esperança e a fé se referem essencialmente ao futuro, e este não pode existir se os tempos passados e os que virão são fases iguais de um ciclo, sem começo nem fim. Com o cristianismo o tempo se articula em passado, presente e futuro. O presente se vincula ao passado pela morte e ressurreição de Cristo e também ao futuro pela salvação e a consumação[5].

Para Paul Ricoeur, a concepção de uma cosmologia do tempo pressupõe a identidade de tempo e movimento. Assim, o tem-

4. Ricardo Terra, "Algumas Questões sobre a Filosofia da História de Kant", introdução escrita para Emmanuel Kant, *Idéia de uma História Universal de um Ponto de Vista Cosmopolita*, São Paulo, Brasiliense, 1986, p. 44.
5. *Idem*, p. 45, citando Karl Löwith, *El Sentido de la Historia*, Madrid, Aguilar, 1958, p. 238.

po se identifica aos movimentos do Sol, da Lua, dos astros e se torna cíclico. O pensamento arcaico e mítico instaura a partir daí um tempo mítico onde, como diz Ricoeur,

> [...] com efeito, longe de ser que o tempo mítico mergulhe o pensamento nas brumas onde todas as vacas são da mesma cor, ele instaura uma escansão única e global do tempo, ordenando uns com relação aos outros, ciclos de duração diferente; os grandes ciclos celestes, as recorrências biológicas e os ritmos da vida social[6].

Introduzindo a possibilidade de escansão, Ricoeur acaba definindo o rito como elemento de mediação entre o tempo do mundo e o tempo humano.

Como dissemos anteriormente, as tensões entre história e mito, entre tempo circular e retilíneo em Joyce acabam por resolver-se através de uma ironia estrutural. Em Rabelais, pelo próprio contexto histórico de sua obra e de sua época, não haverá tensão a ser resolvida. Sua concepção cíclica da natureza e do homem é afirmada através de sua herança próxima: o passado medieval – acrescida das noções de tempo cíclico que colhe ao retornar à Antiguidade clássica, sobretudo pela via platônica. Além disso, seus contemporâneos, como Marsilio Ficino, buscavam uma síntese que pudesse resolver e explicar o cosmo, a natureza e o homem através não apenas da adoção do platonismo e do neoplatonismo mas também através da adoção do hermetismo e da magia natural.

E buscavam realizar essa síntese com uma aplicação radical da doutrina das correspondências, onde o que ocorre no microcosmo afeta o macrocosmo e vice-versa. A base da ação e da prática humanas, portanto, deve ser a busca das verdadeiras correspondências. Ao encontrá-las, estaremos em poder de chaves que abrirão as portas do conhecimento humano. Se esse é um aspecto pouco discutido das teorias sobre a universalidade no

6. Paul Ricoeur, *Temps et Récit*, vol. III: *Le Temps Raconté*, Paris, Seuil, 1985, p. 155.

Renascimento, isso não significa que seja menos importante. Muito pelo contrário, para entendermos plenamente o funcionamento da mentalidade associativa renascentista é necessário retraçar os caminhos dessas correspondências: animais, vegetais, minerais, astros, partes do corpo, humores, cores, entre outras coisas, faziam parte de sistemas de símbolos complexos que buscavam estabelecer as relações entre o micro e o macrocosmo[7]. Se no mapa astral de um indivíduo fosse encontrada uma influência[8] negativa de Saturno, era necessário contrabalançá-la com talismãs que neutralizassem os negativismos e a melancolia de Saturno; o conhecimento de plantas, metais, pedras, cores que teriam o poder de agir contra Saturno era fundamental para a empresa. Da mesma forma, quando um indivíduo queria atrair influências positivas, procurava os elementos condizentes com o poder de Vênus e de Júpiter, planetas benfazejos[9].

Esse era o clima cultural que chegaria à França de Rabelais através da Itália. O uso da palavra "Renascimento" não pode ser aplicado indiscriminadamente em toda a Europa dos séculos XV e XVI. Se comparadas com o "Renascimento" das cidades italianas da época, sobretudo Florença, Urbino, Ferrara, Siena, Veneza – urbanas, ricas, cosmopolitas –, as cidades francesas eram ainda vilarejos medievais e provincianos. Lyon era a cidade mais importante da França de então e Paris estava longe de ser considerada um centro. Além disso, para Rabelais, sempre perseguido pelos teólogos da Sorbonne, Paris era mais do que indesejável.

Nesse contexto cultural, Rabelais adotou a onda de italianismo que invadiu a França, e com ela as acomodações platônicas e neoplatônicas, e as teorias de correspondência subse-

7. Cabe lembrar a "chave explicativa" que acompanha o *Ulysses*, onde também a cada episódio corresponde uma cor, um órgão do corpo etc.
8. Daí a origem da palavra gripe em inglês, que vem do italiano: *influenza*, em geral usada na abreviação *flu*. A gripe era considerada uma má influência dos astros.
9. Para mais detalhes ver Yates, *op. cit., passim*.

qüentes, assim como a inclusão do tempo cíclico pertinente a essas idéias. Mas, como foi visto, a Idade Média já então lhe havia fornecido também uma concepção de tempo cíclico, portanto Rabelais ancorou uma mentalidade na outra. A complementaridade entre vida e morte, juventude e velhice, corpo e espírito[10] que se encontra em Rabelais vem da confluência de seu passado imediato, medieval, e do influxo de idéias novas vindas da Itália.

O que Rabelais fez foi incluir um esquema dentro do outro, o que, para seu espírito aberto e tolerante, não foi problemático. Comentando a utopia da Abadia de Thélème, Guy Demerson aponta com argúcia que

> Rabelais *exprime* uma estética que ele absorveu em torno de si [...] ele respira essa sutil atmosfera que é a das cortes do tempo de Luis XII e de Francisco I. Certamente, os franceses, ligeiramente isolados, mas entusiastas, admiram, invejam e adaptam ao seu clima e às suas tradições a suntuosidade e o conforto da vida à italiana, mas não sem um sutil distanciamento[11].

Além disso, Rabelais, ao mesmo tempo em que inclui o que pode em sua abertura para o mundo humano e natural, também

10. Essa complementaridade é, na verdade, bem mais complexa. Há em Rabelais um nível mais primitivo, mais fundamental onde os pares de opostos se ramificam em associações que à mente racional parecem ilógicas mas que, entretanto, à luz das teorias do inconsciente e associações oníricas fazem sentido. O episódio das lingüiças, no *Quarto Livro*, por exemplo (*les andouilles*), é prova disso. Ali, sexualidade, comida, nascimento e morte se fundem. As próprias lingüiças, em guerra contra os cozinheiros, são do sexo feminino, algumas até "virgens" segundo o relato; mas a sua forma é claramente fálica e o nome da rainha delas, *Niphleseth*, quer dizer "membro viril" em hebraico, segundo a *Briefve Declaration* do próprio Rabelais, ao fim do livro. Ao mesmo tempo, há uma associação entre *andouille* e *anguille* (enguias), daí que, na anatomia dessas lingüiças femininas, elas sejam ao mesmo tempo porcinas, de sangue quente e também partilhem da natureza dos peixes e de sangue frio. Ver, a esse respeito, Alice Fiole Berry, *The Charm of Catastrophe. A Study of Rabelais's Quart Livre*, Chapel Hill, University of North Carolina Press, 2000, pp. 94, 95 *et passim*.
11. Guy Demerson, *L'Ésthetique de Rabelais*, Paris, Sedes, 1996, p. 112.

se distancia daquilo que considera superstição, e com sua disposição para a sátira, acaba mostrando um ceticismo que é muitas vezes subestimado por alguns estudiosos que examinam sua obra. Rabelais é bastante crítico, e quando não está satirizando abertamente, usando o ataque frontal da sátira clássica, disfarça seu ceticismo bem através do balanceado uso da comicidade e do humor, da bonomia, enfim.

Bakhtin tende a ver esse ciclo de complementaridade em termos de rebaixamento, apenas. Para ele, o movimento de rebaixamento, típico do carnaval, com suas imagens de "baixo corporal" e material, faz parte de um ciclo onde *descer* significa voltar à terra para morrer ou renascer. Com típica e excessiva generalização, ele escreve que

> [...] o movimento para baixo penetra *todo* [grifo nosso] o sistema rabelaisiano de imagens, do começo ao fim. *Todas* [grifo nosso] essas imagens precipitam, lançam ao chão, rebaixam, absorvem, condenam, denigrem (topograficamente), causam morte, enterram, enviam aos infernos, injuriam, maldizem e ao mesmo tempo concebem de novo, fecundam, semeiam, renovam, regeneram, louvam e celebram[12].

Justamente por isso é que se vê que as imagens de Rabelais não podem ser concebidas apenas em termos de rebaixamento, porque o movimento é simultâneo. A noção de tempo em Rabelais também traduz profundamente essa complementaridade entre vida e morte, entre devir e ser. Como vimos em nosso outro ensaio, essa relação é um traço constitutivo indispensável à composição da imagem grotesca: a integração entre o tempo cíclico e a vida natural biológica, circulando com a alternância das estações do ano.

Como já observamos de maneiras diferentes aqui e ali, uma das diferenças entre Rabelais e Joyce é que o primeiro não problematiza a história. A historicidade própria da existência humana, para Joyce, o indivíduo isolado que se anula na espe-

12. Bakhtine, *op. cit.*, p. 431.

rança de tentar transcender o "tempo da história", não constitui problema para Rabelais pois este não vive a história como ironia. T. S. Eliot também partilha desse desencanto tipicamente "moderno" (ou pós-moderno) com relação ao presente e sua relação com a história enquanto perda do poder do mito. Para Eliot, inclusive, é a própria concepção de tempo histórico que leva o homem moderno à apatia e à esterilidade.

Paródia e mito

No *Ulysses*, Joyce, segundo ele próprio, quis transpor o mito *sub specie temporis nostri*. Ele escreve que o livro é

> [...] um épico de duas raças (israelita-irlandesa) e ao mesmo tempo o ciclo do corpo humano, bem como uma pequena estória de um dia (vida). O personagem chamado Ulisses sempre me fascinou – mesmo quando criança – [...] é também um tipo de enciclopédia. Minha intenção foi a de transpor o mito *sub specie temporis nostri*. Cada aventura (isto é, cada hora, cada órgão, cada arte sendo interconectada e inter-relacionada no esquema estrutural do todo) deve não apenas condicionar mas até mesmo criar sua própria técnica[13].

O comentário, que convidou os estudiosos a buscar analogias de todo o tipo na obra de Joyce, também conduz a observações quanto à estrutura de sua obra e sua concepção última. Ambas têm origem na idéia de transpor o mito *sub specie temporis nostri*. A estrutura irônica na qual a obra é concebida assim o é justamente porque a História invalida o mito e a épica. É somente pelo deslocamento irônico que o mito pode ser trazido de novo à tona. Mas isso leva a um paradoxo, já que um mito trazido de volta dessa maneira deixa de ser um mito, pois está circunscrito dentro de um outro contexto. A transposição do mito, portanto, só pode se dar pela via da obliqüidade, mas é essa obliqüidade mesma que o denuncia e o solapa.

13. Citado por S. L. Goldberg, *The Classical Temper: A Study of James Joyce's Ulysses*, London, Chatto and Windus, 1961, p. 17.

O que possibilita essa interfusão é a paródia. Não o pastiche ou a imitação, que são formas de aproximação paródica mas que não obedecem à mesma lógica de procedimento. A paródia é, para utilizarmos um termo de Linda Hutcheon, "transcontextualização irônica", que para a autora vem a ser "um processo modelador estrutural integrado de se revisitar, repetir, inverter e 'transcontextualizar' obras de arte prévias"[14]. A acepção de paródia como *canto paralelo*, refletindo a sua própria etimologia, é abordada por Hutcheon da seguinte maneira: "a maioria dos teóricos da paródia volta à raiz etimológica do termo em grego, *parodia*, significando 'canto-contrário' e pára aí [...]; entretanto, *para* em grego também significa 'ao lado' "[15]. Essa idéia, entretanto, já havia sido desenvolvida anteriormente por Haroldo de Campos, já em 1967, numa introdução crítica aos trechos escolhidos de Oswald de Andrade, onde o poeta escreve que: "[a] Paródia [que] não deve ser necessariamente entendida no sentido de imitação burlesca mas inclusive na sua acepção etimológica de 'canto paralelo' "[16]. Essa forma aberta e não-restritiva da paródia coincide, como o próprio autor coloca em livro posterior, com a visão dialógica de Bakhtin. Haroldo de Campos observa que:

> Vê-se por aí que a noção ampla de paródia = "canto paralelo", por mim manipulada [...] responde à concepção abrangente de "dialogismo" carnavalesco (por oposição à "monologismo"), tal como a expõe Kristeva, com base em Bakhtin, embora este último não reserve para o termo paródia a mesma latitude conceitual[17].

14. Linda Hutcheon, *A Theory of Parody*, London, Methuen, 1985, p. 12.
15. *Idem*, p. 32.
16. Oswald de Andrade, *Trechos Escolhidos*, Rio de Janeiro, Agir, 1967, p. 16. Como se vê, Haroldo de Campos desenvolveu a idéia bem antes de Hutcheon, mas não há referência bibliográfica no livro desta que confirme que ela conhecesse o trabalho de Haroldo de Campos.
17. Haroldo de Campos, *Deus e o Diabo no Fausto de Goethe*, São Paulo, Perspectiva, 1981, p. 74.

Essa "latitude conceitual" da qual fala Haroldo de Campos reserva à paródia um domínio maior do que comumente se lhe atribui. Vista como "canto paralelo" ou como "trans-contextualização", a paródia passa de uma estrutura fechada para uma outra que é aberta e permeável. Ela não inverte o texto no qual se apóia (contra-canto) mas o transporta para uma outra dimensão. Com esse novo papel, a paródia, em vez de uma técnica, passa a ser, praticamente, um gênero.

Hutcheon observa que a concentração paródica se dá não no enunciado, mas na própria enunciação. Em outras palavras, a paródia é mais atitude do que forma. E é com base na trans-contextualização irônica da paródia que se dá a deformação de seu modelo.

Se lembrarmos do que observamos no ensaio anterior, a respeito da relação entre sátira menipéia, grotesco e deformação, vemos que a paródia completa o quadro. A paródia, ao deformar o modelo, completa o jogo de deformação a partir da ironia.

Compreende-se, então, por que Bakhtin só vê o lado de "rebaixamento" da sátira e da paródia. Se aplicarmos o seu raciocínio ao uso da paródia em Rabelais e em Joyce, poderemos concluir que Bloom é um Odisseu rebaixado, que Molly, sua infiel esposa, é uma Penélope também rebaixada e assim por diante. Da mesma forma, quando Rabelais satiriza o estudante provinciano e sua linguagem pseudo-erudita, impregnada de clichês e de latinismos inexistentes e solecismos[18], podemos também aí ver um rebaixamento de pelo menos dois níveis, social e lingüístico. Entretanto, esse raciocínio só dá conta de uma parte do fenômeno que é muito mais complexo.

Não se trata tanto de rebaixamento quanto de *distanciamento*. É o enquadramento do contexto que muda e imanta, por

18. O estudante, ao contar que atravessa o rio Sena de manhã e ao fim da tarde e que anda pelas ruas e praças da cidade, se expressa assim: "Nous transfretons la sequane au dilucule et crépuscule; nous déambulons par les complites et quadrivies de l'urbe" (*Pantagruel*, *op. cit.*, p. 191). ["Transfretamos o sequana no dilúculo e crepúsculo; deambulamos pelas complitos e quadrívios da urbe".]

assim dizer, uma série de interpretações paralelas que *acrescentam* mais informação do que aquela contida no texto ou situação original. A paródia não é apenas uma circunstância lingüística. Ela envolve uma *crítica* cuidadosa que inclui tanto o fator lingüístico como o fator social e histórico. É por isso que para ela a ironia é fundamental, pois é com a ironia que se pode forjar um novo enquadramento que acrescente novas camadas de interpretação que vão, por sua vez, redirecionar a mira do texto.

A crítica ao modelo, a referência paradigmática à linguagem e ao estilo, a auto-reflexividade, a transgressão são elementos que fazem parte da paródia desde a Antiguidade, embora seja a ironia o motor que move essa máquina. O *FW* é, pela sua própria condição, também uma paródia radical cujo teor de transgressão se dá em vários níveis. Em termos lingüísticos, a obra ultrapassa qualquer tentativa literária precedente.

Em *Ulysses*, o mito parodiado de Odisseu implica a lógica do *sub specie temporis nostri*, que traz em sua própria concepção a ironia, como já observamos. Porém, na revivificação do mito (que Bakhtin veria como "rebaixamento"), há ainda elementos irredutíveis que mesmo a própria transcontextualização paródico-irônica não consegue abarcar. Mesmo que a viagem de Bloom não dure dez anos visitando ilhas do Mediterrâneo com a determinação de voltar para Ítaca junto a Penélope, ainda assim, por obediência à estrutura do ciclo da viagem, deverá traçar, ainda que em paralelo, uma parte significativa do caminho traçado antes por Odisseu. Um exemplo bem claro, que combina tanto paródia quanto ironia, é o caso da cicatriz de Odisseu. Ao retornar à casa, depois de tantos anos, Odisseu só é reconhecido por uma velha serva, que, ao lavar-lhe os pés, reconhece uma antiga cicatriz em sua perna. Joyce transpõe o episódio *sub specie temporis nostri* assim: Bloom, ao voltar para casa de madrugada, não quer acender a luz para não acordar Molly, mas, como esta trocara a disposição dos móveis em sua ausência durante o dia, ele tropeça e machuca a perna.

O elemento irredutível da cicatriz de Ulisses acaba, com Joyce, adquirindo uma perspectiva irônica sem que o autor faça recurso a nada mais do que uma observação realística do cotidiano de um casal.

Um outro elemento irredutível é mais fundamental. Trata-se da perspectiva cíclica que, como vimos anteriormente, é um dos motores da narrativa tanto de Rabelais quanto de Joyce.

Assim como, em *FW*, há uma complementaridade entre marido e mulher e entre pais e filhos, no *Ulysses*, para além do ciclo da viagem que leva Bloom a perambular pelas ruas de Dublin durante todo o dia 16 de junho de 1904, há também o ciclo que envolve marido e mulher e pais e filhos. No caso dos Bloom, Molly perdera um filho ainda bebê, Rudy, e essa é uma das mágoas que pesam na vida do casal. Talvez aí mesmo esteja a justificativa das infidelidades de Molly, nessa infelicidade mal escondida e que Bloom parece tolerar, por sentir-se culpado de algo indefinido. A esse ciclo quebrado, tanto entre marido e mulher quanto entre pai e filho, há de se seguir uma tentativa de redenção. Quando Bloom conhece Stephen, trata-o como filho e até o convida a ir morar em sua casa (o que faz com que Molly comece a fantasiar a respeito da aparência e do caráter do Stephen, talvez até considerando-o como provável amante).

Coincidência dos opostos e circularidade

Uma outra maneira de dar forma a essa ciclicidade é fazer valer a inspiração da coincidência de contrários.

Para Richard Ellmann, é a coincidência de contrários que dá forma a *cada* capítulo do *Ulysses*. O primeiro episódio, Telemachus, registra a afinidade secreta entre o sagrado e a danação. Nestor, o segundo, mostra a complementaridade entre as culturas judaicas e cristãs, Proteus apresenta a dualidade entre "mar" (mãe criadora) e "oceano", pai destruidor, e assim por diante. Ellmann ainda observa que "Joyce não se satisfez em usar a coincidência de contrários de Bruno apenas dentro dos episódios. Cada um dos três capítulos iniciais consiste em uma metade de um círculo que vai ser completado pelos capítulos paralelos na segunda tríade"[19].

A circularidade que se movimenta a si própria através dos opostos complementares, que como vimos com Joyce faz parte estrutural da obra, também se encontra em Rabelais. Em sua obra, os grandes contrários se dão, por exemplo, na oposição entre guerra e educação. É preciso esclarecer que, para Rabelais, educação é um processo complexo que envolve tanto o nível físico (corporal) quanto os mundos intelectual e espiritual. Vemos essa oposição funcionando, por exemplo, com Gargantua e Picrochole (do grego, significando bile negra), o rei expansionista e imperialista, símbolo da ambição pelo poder desmedido e que em sua vaidade e arrogância se deixa levar por um general apropriadamente chamado "Merdaille" a promover uma guerra de conquista, chamada no livro de guerra picrocholina. Em oposição a ele, está Gargantua com sua educação humanista.

Ao comentar essa relação guerra-educação, Jean Paris escreve que "é o próprio presente e o futuro que este gera que se afirmam como inelutáveis. Por isso, a guerra deve ser condenada. Essa relação entre guerra e educação expõe suas estruturas contrárias"[20].

Como já foi observado aqui, esse ponto que une Rabelais a Joyce é intermediado por Nicolau de Cusa, que fazia parte da tradição encampada por Giordano Bruno que Joyce adotou.

Rabelais não entenderia uma crítica à sua obra que condenasse (como grande parte da crítica posterior o fez) seu lado pouco sério, ou elogiasse apenas o seu uso do popular e do *bathos*, pois para ele tudo isso não se dissociava do erudito, do ideal, do sublime e do elevado. É também nesse ponto, que toca

19. Ellmann, *Ulysses on the Liffey*, p. 55 *et passim*, pp. 46 e 56.
20. Jean Paris, *Rabelais au Futur*, Paris, Seuil, 1970, p. 109.

no cerne, na anagogia da obra rabelaisiana, que divergimos da concepção limitante de Bakhtin com sua idéia de "rebaixamento". Da forma como vemos a obra de Rabelais, não é possível haver rebaixamento sem elevação, grotesco sem sublime, *bathos* sem *pathos*. Em vez de apenas rebaixar, a obra de Rabelais está permanentemente *circulando* esses opostos.

Para tanto, Rabelais dispõe de um arsenal de gêneros e técnicas em várias gradações. Em seu tratamento da guerra, o ataque é frontal e, para tanto, fundamentalmente satírico, mas a linha subjacente desse ataque é uma reflexão moral. Comentando a *Utopia* de Thomas More, Douglas Duncan levanta um ponto essencial. Ele diz que o propósito da sátira não é o de forçar o leitor a fazer uma escolha, mas

> [...] impor uma consciência da dificuldade [...] conduzindo as mentes rígidas para fora de sua confiança em fórmulas escolásticas, e persuadindo-as a dar boas-vindas à complexidade, num espírito de investigação liberal e espirituosa[21].

O mesmo pode ser dito da sátira rabelaisiana. Lembremos que, em sua etimologia pouco clara, a palavra sátira pode derivar de *satura*, ou mistura, como lembra Frye. Ele também vê a sátira como uma paródia formal de todo o tipo de mescla entre prosa e verso, ou de "mudanças cinematográficas de cena, aos arrancos [como em] Rabelais"[22]. Mas há algo na sátira que oscila entre a investigação, a instigação do espírito, com seus aspectos, digamos, "positivos", e uma retórica de provocação, "negativa". Em Rabelais, essa provocação aparece, por exemplo, sob a forma de uma calculada dificuldade. Longe de falar a linguagem do mercado, como quer Bakhtin, Rabelais cultiva a obscuridade e usa de uma sintaxe elíptica, críptica, abrupta. Os

21. Douglas Duncan, *Ben Jonson and the Lucianic Tradition*, Cambridge, Cambridge University Press, 1979, p. 69.
22. Frye, *Anatomy of Criticism*, p. 229.

tradutores de Pérsio e Juvenal, na Renascença, almejavam enfatizar esses aspectos e, certamente, Rabelais tomou contato com esse tipo de linguagem. A obscuridade em Rabelais e em Joyce chega às raias do paradoxo.

O paradoxo, como observa Griffin,

> [...] é uma declaração aparentemente autocontraditória que pode ou não provar-se bem fundamentada. Mas, até ainda a época de [Samuel] Johnson, ele carregava em si a noção de um desafio a uma "opinião recebida", pois o para-doxo desafia o ortho-doxo[23].

Outro fator a considerar é que o satirista se deixa levar por sua sátira; ele é, por assim dizer, levado por suas próprias palavras e idéias no momento em que escreve, como o humorista que deve optar entre renunciar a uma boa anedota ou à amizade e acaba preferindo a primeira. Dessa maneira, pelo menos em alguns momentos da grande sátira, como em Luciano, Swift, Pope, Voltaire, esta adquire um tipo de dinâmica que lhe é própria e, num certo sentido, escreve-se a si própria. É o que acontece com Rabelais, quando este se deixa inteiramente guiar pela sátira. Nesses momentos, não nos perguntamos qual o propósito do que escreve. Há uma certa violência na sátira verbal rabelaisiana, refletida, por exemplo, não apenas nos jogos de ofensas crescentes (por exemplo, entre Panurge e Frère Jan), e nas invectivas contra o leitor, que é amaldiçoado, injuriado, ofendido, se não aceitar a proposta rabelaisiana.

Há, entretanto, diferença entre a invectiva enquanto gênero e a sátira. No caso citado, a invectiva é usada, parcimoniosamente, como recurso de ajuda à sátira. Entretanto, a invectiva enquanto gênero se opõe à sátira na medida em que toma o seu objeto de ataque a sério e a sátira, pelo contrário, expõe seu objeto ao ridículo.

23. Griffin, *op. cit.*, p. 53.

Exemplo típico dessa exposição, bem como o desafio paradoxal às opiniões recebidas é o *Terceiro Livro*, onde Rabelais apresenta o que Frye chama (embora não falando de Rabelais) de "choque entre uma seleção de normas da experiência e o sentimento de que a experiência é maior do que qualquer conjunto de crença sobre ela"[24].

A soma de experiências contraditórias e inconclusivas (embora ironicamente reivindicando-se a qualidade de conclusão final e de verdade) oferecidas, em sucessão, pela magia, medicina, filosofia, teologia, sem contar as opiniões de um surdo-mudo, de um louco, de um poeta, da tiragem da sorte ao acaso, tudo isso serve para reiterar essa tensão entre o que selecionamos como norma e o sentimento que temos de que a experiência da vida não pode ser explicada por nenhuma dessas normas. Assim, Panurge passa o livro todo perguntando a uma sucessão de personagens se vai casar ou não. A "evidência" aponta para o fato de que, se o fizer, será roubado, apanhará da mulher e será traído. Entretanto, a alavanca da "certeza" nunca é puxada a ponto de definir e concluir a questão e Panurge segue perguntando, sem encontrar resposta.

Se há pouca sátira, nos sentidos acima descritos, em Joyce, é porque seu uso esparso está tingido com ironia. A esparsa sátira que há em Joyce resulta muito mais num tipo híbrido, obscuro, dificilmente reconhecível, como a que perpassa a obra de Beckett. Trechos inteiros de *Esperando Godot*, ou *Fim de Jogo*, se revestem de um caráter satírico que, se não estivessem sob a tensão constante da ironia, seriam cômicos. No *Ulysses*, há vários momentos assim. O episódio dos Lestrigões, onde Bloom se enoja ao entrar num *pub* para comer e vê um espetáculo grotesco de bárbaros carnívoros devorando lingüiças e salsichas, termina com Bloom comendo um sanduíche de gorgonzola e bebendo vinho; o episódio de Circe, o qual já comentamos no

24. Frye, *Anatomia da Crítica*, p. 225.

ensaio anterior, é também uma sátira de caráter negativo e provocador.

A viagem e o mito

O *Quarto Livro* das aventuras de Pantagruel é uma continuação do *Terceiro*. Quando Panurge não encontra uma resposta adequada ao dilema se deve casar ou não, o grupo de amigos resolve ir consultar o oráculo da Divina Garrafa [La Dive Bouteille]. Esse é o pretexto para as viagens do *Quarto Livro*, que assume a forma e a fórmula conhecida do relato de viagem. A literatura de viagem, cujas origens remontam à Antiguidade, sempre foi popular. Desde a Idade Média, com São Brendan e Marco Pólo, o relato de viagem, seja fictício seja verdadeiro, acabou por estabelecer-se com firmeza na preferência do público. Com as grandes navegações, os diários, relatos e narrativas se multiplicaram. Uma das fórmulas mais comuns nesse gênero é a viagem à semelhança da *Odisséia* de Homero. O herói ou grupo de heróis viaja de ilha em ilha, seja por curiosidade seja porque se perde, e as peripécias acontecem. A fórmula, que pode parecer enganosamente simples, acaba fornecendo uma estrutura essencialmente rica e que gera um sem-número de possibilidades que vão desde a literatura fantástica à sátira, quando não misturam as duas coisas. Esse último caso é o de Rabelais, que vai inspirar posteriormente a Cyrano de Bergerac e a Swift.

Tal como acontece na *Odisséia*, Pantagruel e seus companheiros de viagem vagueiam de ilha em ilha no *Quarto Livro*, enfrentando perigos como tempestades no mar, mistérios (como o das palavras que se descongelam no ar contando o que se passou ali no passado) e observando as mais diversas formas de vida, de gente e de costumes.

Sem dúvida, a fórmula se presta à sátira social. Foi o exemplo de Rabelais que inspirou Swift em *Viagens de Gulliver*: a viagem a países fantásticos com seus habitantes e costumes peculiares como escusa para refletir as distorções de sua própria sociedade.

A sátira menipéia possibilita desde o início, com Luciano, a viagem satírica, pois conta com uma estrutura narrativa que é propícia ao essencial da literatura de viagem: constantes interrupções para descrição dos costumes locais, da geografia, dos habitantes; intercalação de outros gêneros como cartas, canções, poemas, documentos; narrativa de estados pouco normais ou inabituais ou fantásticos.

Um ponto a interrogar, a essa altura, é se há convergência entre o embasamento filosófico-cosmológico de Rabelais e de Joyce – mais especificamente, com relação à concepção cíclica do tempo – e a vertente da sátira menipéia que privilegia os relatos de viagem fantásticos ou não.

Rabelais parece ser um dos primeiros autores a inaugurar o tema da viagem satírica propriamente dita. Além disso, ele introduz um tema moderno, que é a descoberta de novas terras em escala antes não vista. Outro fator a notar é que a geografia do Renascimento é diferente daquela imaginada pela Idade Média. A geografia medieval é por definição um hieróglifo divino. A terra vale apenas enquanto sinal da presença divina e, para isso, repete um modelo teológico: a terra é lugar de trabalho e sofrimento; o inferno fica sob os nossos pés e o paraíso acima de nossas cabeças. Fenômenos geográficos, como *geisers*, vulcões, cavernas, são vistos como portas para o inferno, a terra é o centro do universo finito. O tema da viagem para a Idade Média é uma alegoria de caminhos lendários, perpassada de monstros marinhos, como se pode ler na *Navigatio Sancti Brendani*, onde São Brendan, em companhia de dezessete monges, sai em busca do paraíso. Durante sete anos os viajantes encontram sempre novidades e maravilhas, passam pela garganta que conduz ao inferno e finalmente chegam ao paraíso, um lugar adornado de pedras preciosas e cujos rios são de leite e mel[25].

25. Pierre Bouet (ed. et trad.), *Le Fantastique dans la littérature du Moyen Âge:*

A geografia do Renascimento, por outro lado, se interessa pelo mundo da natureza enquanto tal. Leonardo e posteriormente Galileo buscam entender a natureza em seus próprios termos, examinando os fenômenos em suas causas naturais e não divinas. O avanço das esquadras européias pelo Atlântico acaba por descobrir um mar sem sereias ou monstros mas sim naufrágios e tempestades.

Entretanto, é preciso ressalvar que essas atitudes não são tão frontalmente contrárias quanto parecem. O espírito do maravilhoso ainda perpassa e inflama o popular durante o Renascimento, e a crença de que o mundo esconde mistérios é incentivada pelos relatos de viagem que muitas vezes apenas reforçam mitos populares de mundos povoados por monstros. As ilhas do Caribe descobertas por Colombo, os portugueses no Brasil, todos descrevem as novas terras como se estivessem redescobrindo o jardim do Éden[26]; Colombo empreende sua viagem levando consigo um exemplar de Marco Polo. Até mesmo duzentos anos depois, no século XVIII, era possível encontrar crédulos leitores prontos a tomar como verdade relatos fictícios e satíricos como as *Viagens de Gulliver*, a ponto de Swift ter que emendar a segunda edição de seu livro, avisando, em subtítulo, que Gulliver era um *splendide mendax*[27].

Mesmo assim, é possível dizer que não encontramos na viagem do *Quarto Livro* de Rabelais nenhuma alegoria que conduza à teologia. Muito pelo contrário, a viagem segue de ilha em ilha, satirizando em cada uma delas algum traço negativo do espírito humano (como vimos no episódio dos Papímanos, no ensaio anterior). O objetivo é consultar o oráculo da Divina Garrafa, e quando chega esta ocasião – no *Quinto Livro*, deixa-

La Navigation de Saint Brendan, Caen, Centre d'Études et Recherches pour l'Antiquité, 1986.

26. Ver Sérgio Buarque de Holanda, *Visão do Paraíso*, Rio de Janeiro, José Olympio, 1959, pp. 205, 215, 182, 177, 178, 272, 273 *et passim*.
27. Jonathan Swift, *Gulliver's Travels*, Oxford, Oxford University Press, 2005. Ver a introdução de Claude Rawson, pp. 10-15.

do inacabado por Rabelais e terminado por autor anônimo) – toma-se conhecimento de que o oráculo da garrafa oferece como resposta uma só palavra: *Trinch*, que pode ser traduzida tanto como "Beba" ou como "Saúde".

A viagem empreendida por Bloom em *Ulysses*, se assume um caráter que se distancia da sátira, por outro lado, também se beneficia da estabilização oferecida pela forma narrativa do relato de viagem. Não fosse isso, seria justificada a crítica de que o livro seria informe e desordenado. É pela paródia da forma modelar da literatura de viagem que Joyce consegue atribuir um caráter simbólico e unificador ao livro. A viagem, com o *Ulysses*, recebe um tratamento mítico que busca organizar o alcance simbólico da obra. Meletínski considera que esse esforço não está presente só em Joyce mas é uma tendência de autopreservação da narrativa. Para ele

> [...] a poética da mitologização é um dos modos de organização da narrativa após a destruição ou a forte violação da estrutura do romance clássico do século XIX, inicialmente através de paralelos e símbolos que ajudam a ordenar a atual matéria sobre a vida e a estruturar a ação interna (micropsicológica) e, mais tarde, por meio da criação de um tema "mitológico" autônomo, que estrutura simultaneamente a consciência coletiva e a história universal[28].

A paródia do mito

Joyce e Rabelais usaram procedimentos similares ao lidar com o mundo mitológico dentro da perspectiva da sátira menipéia.

Como um desses procedimentos, há o recurso à paródia como forma de solapar o mito em sua credibilidade. Vista sob o ponto de vista da sátira menipéia, a mitologia greco-romana ou judaico-cristã constitui um repositório de idéias recebidas e preservadas de forma intocável. No caso da mitologia judaico-cris-

28. E. M. Mielietynski, *A Poética do Mito*, Rio de Janeiro, Forense Universitária, 1987, p. 402.

tã, esse repositório é, além do mais, inquestionável, pois seus mantenedores são religiosos que tendem a interpretar a Bíblia não como literatura mas como revelação.

Rabelais e Joyce, entretanto, ao reinterpretarem os mitos bíblicos, os tratam da mesma forma que tratam os mitos greco-romanos, isto é, usando sua própria linguagem para reinvesti-los com significados irônicos ou francamente cômicos. No caso de Rabelais, há ainda que ressaltar o contexto histórico e social de sua época, mais refratário a desafios de tal monta. Por causa do tratamento a que ele submete a mitologia cristã e a forma como retrata a Igreja, houve e há discussão para estabelecer se Rabelais foi ou não ateu. Lucien Febvre, em sua obra seminal, recusa-se a discutir a questão em modelos simplistas, apontando para as diversas formas e gradações de dúvidas a respeito da religião que floresceram no Renascimento: a dúvida dos desesperados, a dúvida da ciência nascente, a dúvida trazida pela Reforma, a dúvida da filosofia etc., e considera, muito apropriadamente, que o conceito de ateísmo tal como é entendido hoje em dia não serve para ser aplicado à época de Rabelais sob risco de sério anacronismo[29]. Em livro intitulado *Rabelais and the Franciscans*, A. J. Krailsheimer procura demonstrar a influência da tradição franciscana em Rabelais, em suas próprias palavras para "contrabalançar o peso do humanismo" enfatizado pela crítica rabelaisiana[30]. Para nós, a questão de ser ou não ser ateu não vem ao caso. O que nos interessa é que Rabelais realmente utilizou a forma paródica, o cômico, a sátira e a ironia em seu tratamento da religião, e que esse tratamento ele aprendeu com os satiristas que vieram antes dele.

Vale a pena enfatizar, ainda uma vez mais, que o tratamento que Rabelais reserva à mitologia cristã *é do mesmo caráter*

29. Lucien Febvre, *Le Problème de l'Incroyance au 16ème siècle. La Réligion de Rabelais*, Paris, Albin Michel, 1968.
30. A. J. Krailsheimer, *Rabelais and the Franciscans*, Oxford, Clarendon Press, 1963, p. xv.

daquele que ele reserva às mitologias não-cristãs, como se Rabelais tivesse uma consciência escritural, por assim dizer paradigmática, que lhe foi proporcionada pela linguagem da sátira menipéia, e que lhe facultou uma distância crítica, uma perspectiva que lhe permitiu observar e avaliar o papel *formal* e *estrutural* dessas mitologias em geral. É porque seus contemporâneos e sucedâneos (e até parte da crítica contemporânea de Rabelais) falharam em perceber essa diferença fundamental entre a perspectiva crítica trazida pela linguagem e a perspectiva crítica trazida pelas idéias, que a sátira de Rabelais pôde e pode ser interpretada como anti-religiosa. Em nosso entender, houve e há confusão entre forma e conteúdo. Além disso, para reforçar nosso argumento, mesmo quando Rabelais faz ataques diretos, como no caso dos teólogos da Sorbonne, ou aos franciscanos, que o haviam censurado e confiscado os livros em sua juventude, tais ataques são dirigidos à Igreja enquanto instituição social. Da mesma forma, sua sátira aos papímanos é um ataque ao literalismo religioso e não a uma doutrina em particular. O breve encanto que o autor nutriu com a Reforma apenas reforça a idéia de que Rabelais criticava as instituições sociais criadas pela religião que conhecia tão de dentro.

Um dos exemplos mais apropriados a esta discussão é a paródia que faz Rabelais da linguagem com que a Bíblia trata a genealogia de Adão e Eva. No *Gênesis* se escreve que

> (17) E conheceu Caim a sua mulher a qual concebeu e pariu Enoc. E ele edificou uma cidade à qual pôs o nome do seu filho Enoc. (18) Enoc porém gerou a Irad e Irad gerou a Maviael e Maviael gerou a Matusael e Matusael gerou a Lamec[31].

Rabelais, baseado no modelo bíblico, estabelece a genealogia de Pantagruel. Para isso, parodia a fórmula "e gerou a", sua repetição, e as desinências com poucas variantes dos no-

31. *Genesis*, 4:17-18. Rio de Janeiro, Barsa, 1967.

mes bíblicos: Enoc, Lamec, Maviael, Matusael, e assim por diante. Em sua paródia o resultado é o seguinte:

> *Et de ceuls-là sont venuz les Géants, et par eulx Pantagruel:*
> *Et le premier fut Chalbroth*
> *Qui engendra Sarabroth*
> *Qui engendra Faribroth [...]*[32]
>
> [E desses ali vieram os Gigantes, e por eles Pantagruel: / E o primeiro foi Chalbroth / que engendrou Saraboth / que engendrou Faribroth [...]].

Encontramos o mesmo processo paródico no *Ulysses* de Joyce, com

> *Moses begat Noah and Noah begat Eunuch and Eunuch begat O'Halloran and O'Halloran begat Guggenheim and Guggenheim begat Agendath [...]*[33].
>
> [Moisés gerou Noé e Noé gerou Eunuco e Eunuco gerou O'Halloran e O'Halloran gerou Guggenheim e Guggenheim gerou Agendath [...]].

No caso, Joyce usa a fórmula e sua repetição, mas é no engendramento que faz humor, escrevendo que Noé gerou a Eunuco e este gera um irlandês que gera um Guggenheim, a família americana, de origem judaica (cujo famoso membro, Peggy, colecionadora de arte, contribuiu com ajuda financeira ao autor), e essa gera o *kibutz* Agendath.

A recriação do mito

Se, como vimos, a própria estrutura da sátira menipéia faz com que os mitos sejam reinterpretados sob o signo da paródia e da ironia, resta saber se essa mesma constituição também tem

32. *Pantagruel*, p. 174.
33. *Ulysses*, p. 485.

um papel na criação do mito e, se for o caso, de que tipo de mito se trata.

No caso do *FW*, será muito fácil reconhecer a variante cosmogônica que é o motor (ou o pretexto) do *leitmotiv* que permeia a estória e que dá nome ao livro. Tim Finnegan, como na balada tradicional irlandesa, cai da escada e é tido como morto. Em seu velório [*Finnegan's wake*], Finnegan acorda [*wakes*] de novo [*again*], reanimado pelo som das garrafas de bebida e pela aspersão de *whisky* em seu cadáver, portanto *Finnegans wakes again*. Mas Finnegan é também o arquétipo de Finn, o gigante que reencarna nas várias eras históricas (*corsi* e *ricorsi*).

Como se vê, a cosmogonia da queda e da ressurreição se encontra condensada no próprio título que resume o essencial da narrativa mitológica que envolve qualquer relato de Herói: nascimento/queda/morte/ressurreição.

Outro fator importante nessa cosmogonia é que o particular, representado pelo velório de Tim Finnegan [*Finnegan's wake*], é subsumido pelo universal, o arquetipal Finn que renasce [*Finn wakes again*: Finnegans Wake] e, por isso, o velório de um Finnegan qualquer cede lugar à ressurreição do universal Finn. A notar também que *fin* em francês é fim e, levando-se essa possibilidade em consideração, há um reforço da idéia de fim e recomeço. Desnecessário lembrar que Joyce em outras partes do *FW* também utiliza *mots-valise* elaboradas a partir de outras línguas, entre elas o francês[34].

Nessa linha de raciocínio, vê-se que, pelo menos no caso do *FW*, o papel da ironia e da deformação e reconstituição verbal – seguindo o conceito de ironia visto no ensaio anterior – é

34. *FW* foi escrito quando Joyce residia em Paris e publicado em 1939 às vésperas da Segunda Guerra Mundial, o que fez com que Joyce procurasse refúgio em Zurich onde morreu após uma operação em 1941. Com o atraso da publicação, Joyce comentou que a guerra ia começar e "ninguém vai mais ler o meu livro" (Richard Ellmann, *James Joyce*, Oxford, Oxford University Press, 1983, p. 721).

fundamental para a constituição do mito. Nesse caso, a sátira menipéia só teria contribuído com o aspecto enciclopédico e de exuberância verbal que lhe é característico, mas pouco teria a acrescentar em termos da narrativa mitológica clássica.

No caso do *Ulysses*, a identificação entre Bloom e Odisseu é parcial. Aqui o mito é apenas o do possível, se é que ainda podemos falar propriamente de mito. Trata-se muito mais de um deslocamento irônico da figura de Odisseu para a de Bloom, como, de resto, de Penélope para Molly e de Telêmaco para Stephen. O mito aqui não é expansivo e nem dominante, como no caso do *FW*. Pelo contrário, é reduzido e irônico. Bloom é um Ulisses faltante. Comparado ao ardiloso herói, o único estratagema que vemos Bloom desenvolver é uma artimanha para abrir a porta dos fundos da casa quando volta de madrugada, pois esquecera a chave da porta da frente e não quer acordar Molly. Da mesma maneira, a planta mágica da qual Odisseu se serve para escapar do feitiço de Circe não passa, no caso de Bloom, de uma batata ressequida esquecida no bolso do casaco e que servira, durante o inverno, para aquecer suas mãos.

Entretanto, o aspecto mais importante nessa série de deslocamentos mitológicos está no tema da paternidade, no reencontro entre Telêmaco e Odisseu. Também aí o resgate da paternidade se dá num momento fugidio. Se, em Homero, Telêmaco sai em busca do pai, falha, volta para casa e o encontra, em Joyce, Bloom vislumbra a possibilidade de com Stephen preencher o vazio deixado por seu filho Rudy, morto ainda bebê. Joyce monta a cena em anticlímax, quase escondida no fim do episódio de Circe, quando, depois de beber demais e brigar com dois soldados ingleses, Stephen desmaia na rua e é acudido por Bloom que, em vez de tentar acordá-lo chamando-o de Sr. Dedalus, o chama pelo primeiro nome e nesse momento, colocando um ponto final em toda a alucinação do episódio fantasmagórico, vê a imagem de Rudy. Mas, se a cena pode ser vista como um resgate da paternidade, com Bloom fundindo a imagem de seu filho com Stephen, pode também servir como lembrança de uma radical separação, e aí haveria deslocamento com até mais ironia do que com os outros casos de paralelismos *sub specie temporis nostri* que apontamos[35].

Sobre o papel do mito no *Ulysses*, Eliot observa que

> [...] ao usar o mito, ao manipular um paralelo contínuo entre a contemporaneidade e a Antiguidade, o Sr. Joyce está perseguindo um método que outros devem seguir. Eles não serão tidos como imitadores, não mais do que um cientista que usa as descobertas de um Einstein ao levar avante as suas próprias investigações independentes. [Esse método] é simplesmente uma forma de controlar, de ordenar, de dar forma e significância ao imenso panorama de futilidade e anarquia que é a história contemporânea[36].

Eliot vê a história contemporânea construindo um mundo onde o mito não encontra lugar senão para dar forma e significado à futilidade que essa mesma história construiu. Não é difícil concluir daí que o deslocamento irônico é uma das formas mais eficazes de trazer o mito *sub specie temporis nostri*. Foi essa, aliás, a tensão crítica que acabou desaguando no pós-modernismo, cuja ironia consiste no deslocamento constante dos significados e discursos, visto que a substância dos mesmos não pode ser recuperada. É de certa forma irônico que o

35. Robert Spoo (*James Joyce and the Language of History*, Oxford, Oxford University Press, 1994) chama a atenção para o fato de que o episódio de Circe, depois de toda a grandiloqüência do desfile e progressão "histórico-literária", termina indicando uma fonte de sofrimento individual intenso, tanto para Bloom quanto para Stephen. "Essa epifania, a do pior pesadelo de Stephen, coincide com o fim da Odisséia de Bloom e quando vemos Stephen de novo, em 'Eumaeus' ele já acordou do sono que lhe infligiu o soco saxão e o pesadelo, também, já ficou para trás. Não é que a história desapareceu nos capítulos finais de *Ulysses*, que Joyce chamou de 'Nostos', a volta ao lar, mas seus efeitos, agora, parecem suspensos ou emudecidos. A História entrou na profunda noite do tempo e, como Bloom, Stephen e Molly, começou a tomar proporções míticas" (p. 157).
36. T. S. Eliot, "Ulysses, Order and Myth", *Selected Prose*, London, Faber, 1980, p. 117.

ataque que o pós-modernismo faz ao modernismo não inclua essa dívida para com o experimentalismo que constituiu o âmago dos modernismos[37].

Por isso mesmo, o que Eliot escreve a respeito dos seguidores é profético, mas não no sentido que tencionou; pois os seguidores de Joyce, ao descartar os mitos ordenadores – porque não acreditam mais em sua eficácia – preservaram apenas sua ironia. A proposição dos constantes paralelismos dentro do relativismo fácil do pós-modernismo, sem que haja um âmago a dar forma à empreitada, acaba gerando uma entropia onde até o valor *relativo* dos relativismos é colocado em questão. É esse o paradoxo que os pós-modernistas tiveram e têm que enfrentar e para o qual não podem gerar uma resposta adequada, pois qualquer adoção de princípios os colocará para fora do âmbito programático pós-modernista.

Por outro lado, a questão dos seguidores, se tomada no sentido em que Eliot lhe dá, é problemática. É difícil conceber que o uso constante de paralelismos mitológicos entre a antiguidade e a contemporaneidade possa dar em algo tão original que não pareça uma cópia gasta do projeto intentado por Joyce, e que a repetição do método não acabe em clichê. Ao mesmo tempo, a literatura de todas as épocas prova que a releitura e reinterpretação do mito é uma fonte inesgotável de desafio e de inspiração à criação.

Entretanto, não se pode dizer que a transposição do mito *sub specie temporis nostri* seja uma estória de sucesso. Como bem aponta Peter Munz, por mais que Joyce recomendasse que seus leitores lessem Vico e ficassem longe de Freud e Jung, ele na verdade estava mais preso a esse dilema do que seu conselho paternal poderia sugerir. Tivesse ele sido um estudante cuidadoso de Vico, poderia ter entendido a razão principal pela qual

37. O mesmo poderia ser argumentado com relação ao modernismo brasileiro, cujas tendências conflitantes são melhor enfocadas sob o ângulo da ironia e da desconfiança do discurso.

o século XX sofreu de uma ausência de Homero e possibilitou a presença de um Freud. Joyce cedeu à tentação de tomar as modernas teorias psicológicas não apenas a sério mas literalmente. Seu dilema o levou a evitar tanto o uso conceitual dos mitos quanto a recusá-los, pois sua existência só pode se dar *sub specie temporis nostri*. E, ao lutar com esse dilema Joyce, no entender de Munz,

> [...] resignou-se a uma estória que, face a tudo isso, é simplesmente banal. De fato, em termos de pura banalidade o *Ulyssses* não tem rival. O *Ulysses* é o único livro de grande literatura que é infinitamente longo e infinitamente banal[38].

Como ilustração de seu ponto, Munz oferece dois exemplos: a descida ao Hades em *Ulysses*, e a busca do pai. Apoiando-se nos exemplos clássicos da descida aos infernos em Homero, Virgílio e Dante, Munz compara o resultado que Joyce obtém frente a esses autores e comenta:

> Em Joyce, a descida ao Hades se torna uma estória muito comum, totalmente falha em seu caráter catártico e que erra o alvo da mensagem da descida. Determinado em fazer o mito *sub specie temporis nostri*, Joyce no século XX é incapaz de competir com Homero, Virgílio ou Dante; mas também ele não quer interpretar o mito da descida em termos da psicologia junguiana [...] aqui não encontramos os cimerianos, nem as florestas escuras nem mesmo indício de uma crise psicológica à maneira de Dante[39].

Munz também aponta para o fato de que a progressão que vai do *Ulysses* ao *FW* é sintomática. Sabendo-se incapaz de gerar um mito no século XX, Joyce

38. Peter Munz, "James Joyce, Myth-Maker at the End of Time", em Verene (ed.), *Vico and Joyce*, p. 53.
39. Munz, *op. cit.*, p. 52.

> [...] finalmente decidiu infligir uma poligüidade semelhante ou comparável à própria linguagem [...] [e] com esse procedimento Joyce recapitulou, no nível da mera linguagem, a poligüidade dos mitos para criar uma ponte entre a subjetividade privada e a objetividade pública que Wittgenstein dizia ser inconcebível. Ao criar essa mediação, Joyce implicitamente admitiu que não se pode retornar literalmente, no século XX, à idade dos heróis de Vico – para não mencionarmos a idade dos deuses – e fabricar um mito moderno, o que para Vico seria uma contradição em termos. Mas, ele teve sucesso ao tentar criar um substituto, isto é, um texto que mostrasse o mesmo grau de poligüidade que caracteriza os mitos. Os filósofos devem notar aí que, ao fazer isso, ele provou que Wittgenstein está errado, antes que este se pronunciasse, até porque como estudioso de Vico ele tinha aprendido o enorme valor do produto literário que consegue estabelecer uma ponte entre o suposto abismo que há entre subjetividade e objetividade, entre sentimento íntimo e discurso comunicativo[40].

Não se pode concordar com a crítica de Munz com relação à questão. Em primeiro lugar, o fato de Joyce usar o que o crítico chama de poligüidade não implica que esse procedimento seja *o mesmo* do processo coletivo de criação do mito. Na verdade, ele é imitativo. Portanto, não se pode concluir daí que Joyce prova *avant la letre* que Wittgenstein estava errado, pois se, como afirma o filósofo, não há linguagem privada, então Joyce, ao "infligir uma poligüidade semelhante ou comparável à própria linguagem" na verdade estaria provando o ponto de Wittgenstein. Ao subsumir sua "subjetividade privada" ao processo de criação mítica da própria linguagem o autor estaria nada mais do que imitando-a e assim eliminando sua própria subjetividade.

Joyce provavelmente tinha consciência de que, para dar forma a uma estrutura tão fragmentada como o *Ulysses*, tinha que trabalhar não apenas os paralelismos *sub specie temporis nostri* mas também lançar mão de outros recursos que ajudassem na tarefa. Visando a construção de sua estrutura e pressentindo os

40. *Idem*, p. 56.

prováveis defeitos que tal postura poderia gerar, ele procurou criar também uma vasta teia de símbolos. Certamente o procedimento ajuda, pois cria uma rede de elementos que se completam e se repetem aqui e ali por todo o livro. Mas a dificuldade desse procedimento é que Joyce utiliza primariamente símbolos interiores à obra, isto é, elementos que só se transformam em símbolo por causa de sua recorrência em um variado número de episódios. Os símbolos do *Ulysses*, portanto, só podem adquirir um caráter simbólico depois de terem sido apresentados em variados contextos.

Se a vantagem dessa abordagem é que os elementos assim iluminados simbolicamente formam uma teia que pode dar consistência à obra, por outro lado isso não garante a estrutura ou a unificação da mesma. Como os contextos mudam, o leitor se vê obrigado a reconhecer não apenas quais são esses símbolos e como eles mudam nos variados contextos.

O lado fraco dessa abordagem é que o leitor pode falhar na tarefa de reconhecimento dos símbolos, visto que são interiores à obra e portanto arbitrários. Não apenas isso, mesmo que não falhe em sua apreensão, a maioria desses símbolos, justamente pelo fato de serem arbitrários, não oferece nenhuma chave mestra interpretativa que acrescente uma percepção fundamental com relação à obra.

Como exemplo, temos as palavras *metempsicose*, *parallax*, *nebrakada*; o cavalo de corrida chamado *Throwaway*; a prece *Liliata rutilantium*. Nenhum desses vocábulos, apesar de serem repetidos constantemente no livro todo, leva a alguma reinterpretação fundamental da obra. O mesmo se dá com o sabonete que Bloom compra para Molly no início do livro e que viaja em seu bolso durante todo o dia até acabar ao lado da torneira quase no fim da obra (episódio Ítaca).

De todos esses símbolos recorrentes, talvez o mais importante seja o que funde *god/dog*, e do qual já tratamos anteriormente. O corpo de um cão que Stephen vê na praia, no início do livro, a missa negra do episódio de Circe com a inversão entre *god* e *dog* e o termo que une a simbologia: corpo de deus/corpo de cão.

Meletínski procurou ver em alguns símbolos joycianos um princípio de analogia e consegue explicar por aí algumas associações, mas está longe de poder dar conta das várias recorrências simbólicas inexplicáveis do livro. Ele observa que

> [...] pelo princípio de analogia, Joyce amplia o círculo de associações em torno de símbolos tradicionais. Por exemplo, interpreta as corridas como símbolo da perseguição sexual, o tilintar das chaves de Boylan [o amante de Molly] como sinal de seu iminente encontro com Molly, o chá como variedade da água e, por isso, símbolo da fertilidade. São mais interessantes os símbolos e imagens não tradicionais em Joyce, que constituem exemplos de uma original mitologização da prosa do cotidiano [...]. Nesta heterogeneidade de motivos simbólicos, manifesta-se a mesma natureza da mitologização modernista que se verifica na substituição constante de personagens por modelos de diversas mitologias, fontes literárias e históricas[41].

Eco, por sua vez, vê nessa atitude simbólica de Joyce o contrário do que diz Meletínski, que atribui esse processo de simbolização a uma "mitologização modernista". Para Eco, justamente, Joyce procura obter o mesmo resultado de um poeta medieval ao tecer uma trama cerrada de artifícios. O que tanto o poeta medieval quanto Joyce querem é

> [...] uma narrativa tecida a partir de símbolos e alusões cifradas, que cria um tipo de cumplicidade entre duas inteligências, duas culturas, e permite reencontrar, sob os versos insólitos, uma realidade superior, de forma que cada palavra, cada figura, ao mesmo tempo em que representa uma coisa, designa outra [...] é precisamente por sua natureza medieval que a obra de Joyce possui uma eficácia simbólica[42].

41. Mielietinski, *op. cit.*, p. 376.
42. Eco, *op. cit.*, p. 235.

Se o que Eco escreve a respeito de Joyce faz muito mais sentido, pois sua observação capta o contexto cultural formador de Joyce (o que Meletínski não faz), ao mesmo tempo, como observamos acima, fica difícil vislumbrar essa eficácia simbólica a partir dos tais símbolos interiores. O que Eco quer possivelmente dizer, no trecho acima, é que Joyce utiliza com destreza o princípio procedural das analogias, das alusões cifradas, e isto pode acabar por funcionar ou não, dependendo do vínculo que vai ser estabelecido com o leitor.

Modelos versus *moldes*

Com essas duas maneiras de tratamento do mito – a paródia e a recriação – estamos prontos para examinar a movimentação que há entre um e outro procedimento. Em outro lugar já sugerimos que tanto a sátira quanto a poesia trabalham de maneiras opostas para o que pode ser chamado de *ética da linguagem*, num processo pelo qual tanto a sátira quanto a poesia acabam por limpar a linguagem de seus enrijecimentos, clichês, idéias recebidas e demais estereótipos que são repetidos constantemente sem que falantes e pensantes se dêem conta de que estão, quando lançando mão desses recursos gastos, passando adiante moeda inflacionária, e inflacionada.

O termo *ética da linguagem* também se aplica à crítica interna à língua das ideologias com suas agendas, *slogans*, programas de implantação, cooptação e repetição. Discursos programáticos ideológicos também lançam uma névoa utilitária sobre a linguagem.

Há uma diferença, entretanto, fundamental entre o uso passivo e apassivador da moeda corrente das idéias recebidas e dos clichês e o uso da linguagem pelas ideologias. O primeiro tem por efeito e conseqüência uma degradação da qualidade descritiva dos indivíduos, uma diminuição da capacidade imaginativa e criadora porque tolda a percepção diferenciada do mundo e dos fenômenos que tais indivíduos possam ter. Usando a terminologia heideggeriana, esse uso utilitário da linguagem só pode promover a repetição do habitual.

Por outro lado, a linguagem das ideologias, por ser ativa, serve de freio e controle também das capacidades imaginativas e criativas dos indivíduos, direcionando suas percepções e as encaminhando a focalizar somente em aspectos seletivos dos fatos e fenômenos, aspectos esses que são construídos para reforçar e realimentar suas próprias premissas. Nesse caso, as ideologias *usam* os indivíduos como *meios* e não como fins.

A essas tendências convencionais e consensuais do uso instrumental da linguagem, seja passivo ou ativo, é que a sátira e a poesia se opõem. É preciso reforçar que não é apenas por seu conteúdo que tanto uma quanto a outra têm o poder de enfrentar essa linguagem nublada. É da essência, da estrutura, das duas formas que vem esse poder. A sátira que não corrói não é sátira, a poesia que não nomeia ou resgata o ser não é poesia. Não se trata, aqui, de gradação mas de qualificação.

Ao imitar um argumento pela autoridade para justificar o injustificável, por exemplo, a sátira como que estabelece um processo, no sentido jurídico do termo, de denúncia que acaba expondo os mecanismos com os quais se montam argumentos desse gênero e, ao fazer isso, expõe, da mesma forma, as razões utilitárias que levaram os indivíduos ou grupos sociais a agir dessa forma. Um bom exemplo é a sátira da academia de Lagado, na terceira viagem de Gulliver, onde o mesmo toma conhecimento das "pesquisas" que ali se desenvolvem: amaciar o mármore para fazer almofadas, criar uma raça de carneiros sem lã etc.[43].

Um outro caso é atacar a aceitação literal de feitos impossíveis criando uma situação cômica em que um feito totalmente impossível (e desprovido de "autoridade") é justificado pelo empilhamento de um sem-número de outros feitos igualmente impossíveis mas largamente aceitos e inquestionados. O nasci-

43. Jonathan Swift, *Gulliver's Travels*, *op. cit.*, p. 171.

mento de Gargantua pela orelha da mãe[44] é um bom exemplo, onde a enumeração do argumento pela autoridade é constituída largamente por nascimentos bizarros na mitologia greco-romana e no folclore. Rabelais, ao estabelecer seu caso, nos lembra que não há nada de estranho nesse nascimento, visto que Baco nasceu da coxa de Júpiter, Castor e Pólux de um ovo de Leda (que não só o botou como o chocou), Rocquetaillade do calcanhar da mãe etc.[45].

A enumeração é grande e quanto maior, mais distanciamento cria. O "objetivo" de Rabelais aí é "provar a normalidade" do nascimento pela orelha de Gargantua, e ao fazer isso leva o leitor ao paradoxo. Se o nascimento de Gargantua é um "fato", então deve ser entendido e aceito dentro do parâmetro de outros "fatos" oferecidos pela mitologia e pelo folclore. Porém, tanto Rabelais quanto seus leitores sabem que tais "fatos" são mitológicos e não podem ser tomados ao pé da letra. Mas uma das conseqüências "perigosas" dessa exposição é que os leitores contemporâneos de Rabelais, ao apreenderem o modelo retórico e argumentativo no qual o caso vem emoldurado, isto é, ao estenderem o mesmo raciocínio a outras formas de nascimento anormal, vão ter que enfrentar, pela lógica, a mitologia cristã e o nascimento de um deus por uma mulher virgem e que não havia mantido relações sexuais com seu marido.

A obra de Rabelais tem inúmeras armadilhas como estas e esse é, sem dúvida, um dos motivos pelos quais o autor foi per-

44. Esse episódio intrigou Joyce que o usou no *Ulysses*. Ali, Molly Bloom condena Rabelais por ser "padre e escrever palavrão". Em seu monólogo, ela raciocina: "cant be true a thing like that some of those books he brings me the works of Master François Somebody supposed to be a priest about a child born out of her ear because her bumgut fell out a nice word for any priest to write and her a—e as if any fool wouldnt know what that meant" ["não pode ser verdade uma coisa dessas alguns desses livros que ele me traz as obras do Mestre François Qualquercoisa supostamente um padre a respeito de um filho que nasceu da orelha dela porque a tripa do rabo caiu bela palavra para um padre escrever e o c- dela como se algum idiota não soubesse o que é que isso quer dizer"] (*Ulysses*, p. 736).

45. François Rabelais, *Gargantua*, *op. cit.*, p. 24.

seguido em sua época, embora sem que os argumentos contra sua sátira tenham sido explicitamente assim expostos. As acusações de obscenidade em vista da relativa liberalidade com que algumas obras anônimas e populares circulavam podem muito bem, à vista deste argumento que avançamos, serem tidas como fatores adicionais ao caso contra Rabelais. O "perigo" trazido pelo caráter *modelar* de sua sátira, estruturando as *formas* de um pensamento liberador, ensinando a mente a se livrar do gesso da convenção, é que incomodou a censura de seu tempo. O caráter meramente "obsceno" era visto pelas autoridades da Igreja como desafogo e tolerado, por exemplo, durante o carnaval. Mas a sátira de Rabelais, como toda sátira verdadeira, trazia um caráter de insurreição que não podia ser tolerado.

Por oferecer modelos em vez de moldes, a sátira traz má notícia aos sistemas fechados da linguagem e do discurso. E ela o faz utilizando a mesma linguagem dos sistemas fechados, mas colocando-a num *contexto denunciador*. E para isso, o uso da paródia é, muitas vezes, de fundamental importância. Bakhtin acha que a paródia medieval não se parece em nada com a paródia literária moderna, pois essa é puramente formal e, "como toda paródia, esta última rebaixa também, mas esse rebaixamento tem um caráter puramente negativo, privado de ambivalência regeneradora"[46]. Nada parece mais longe de uma avaliação da paródia "moderna" do que esse julgamento de valor do autor.

A paródia em Joyce e em Rabelais, como tentamos mostrar, tem raízes no mito. Este é tão necessário à sua constituição quanto o é o modelo que fornece o material paródico. E esse mito, no caso de ambos os autores, é o motor que possibilita tanto as concepções cíclicas e complementares, como vimos em ambos os autores, mas que também possibilita uma imaginação mito-poética que é parte formadora de ambos.

Concordamos com S. L. Goldberg quando escreve que "o que sentimos na verdade com o *Ulysses* e em especial em 'Íta-

46. Bakhtine, *op. cit.*, p. 29.

ca', é a força de uma afirmação, e afirmação não de uma doutrina qualquer sobre-humana ou sobrenatural, mas a da imaginação mitopoética mesma"[47].

Spitzer afirma quase o mesmo de Rabelais:

> Se Rabelais descreve o concreto "real" não é para copiar o mundo exterior, à maneira de um Balzac ou de um Zola (em suma, aquilo que Auerbach chama de *mimesis*) mas para dar uma realidade ao mito, ao irreal: *pace* Lefranc, em Rabelais o real transparece no mito assim como o mito transforma o real que dele necessita para se encarnar[48].

Jogos verbais

As similaridades de uso verbal em Rabelais e em Joyce são inúmeras mas, em nossa opinião, embora alguns processos sejam coincidentes, há que considerar que o trabalho verbal em vários autores, independentemente de diferenças temporais e históricas ou geográficas e culturais, de linguagem e língua, compartem procedimentos que não poderiam senão ser semelhantes. Isto explica por que, ao menos em línguas de escrita alfabética, certos processos verbais, como neologismos, arcaísmos, sufixações, prefixações, trocadilhos, deformações, obedecem à mesma lógica. A incorporação de gírias, dialetos, línguas estrangeiras, línguas de imitação, norma falada *versus* norma escrita, inovações sintáticas, entre outros procedimentos, também ocorre em várias línguas e épocas diferentes. Portanto, o que nos interessa buscar em Joyce e em Rabelais não são exemplos que confirmem os casos acima, pois isso não provaria nada, mas tentar detectar, nesses usos similares, conexões que apontem para procedimentos mais extensos e mais abrangentes e cujo denominador comum seja o mundo vocabular, por assim dizer. Como vimos em nosso ensaio sobre o grotesco, o gigan-

47. S. L. Goldberg, *The Classical Temper: A Study of James Joyce's Ulysses*, London, Chatto & Windus, 1961, p. 203.
48. Leo Spitzer, *Études de Style*, Paris, Gallimard, 1970, p. 158.

tismo é um padrão que perpassa tanto o mundo vocabular quanto o das imagens e de símbolos, podendo ser considerado, portanto, um denominador comum entre Joyce e Rabelais.

Há nesse ponto que fazer uma diferença entre semelhança e similaridade. A semelhança visa à uniformidade e à conformidade dos padrões a uma só entidade. A similaridade funciona como uma identidade que une o diferente e o diverso.

Se considerarmos o *Ulysses* e o *FW* sob o ponto de vista verbal, verificamos que o último utiliza um tipo de processo vocabular e estilístico que é único. O livro todo é composto basicamente de trocadilhos, *mots-valise*, que implicam usos diferenciados de sufixações, prefixações, neologismos, arcaísmos, plurilingüismo e deformações do gênero gigantismo. Em partes, reconhecem-se usos paródicos, humorísticos, irônicos e satíricos, bem como a presença de linguagem poética, mas, se comparado com o *Ulysses*, vemos que este oferece uma maior variedade de procedimentos estilísticos que, embora relacionados com o nível vocabular, não necessariamente dependem apenas deste. No *Ulysses*, Joyce utiliza dezoito tipos de técnicas estilísticas diferentes, numa linguagem que vai do embriônico ao labiríntico, e que passa pelo gigantismo, catecismo, fuga musical, monólogo interior, entre outras técnicas.

Tanto em Rabelais quanto em Joyce, a influência de autores clássicos é proeminente e formas eruditas podem ser reconhecidas com facilidade, bem como usos populares. Seria mais exato afirmar que tanto em Joyce quanto em Rabelais não se pode detectar uma segregação entre o popular e o erudito. Este último, aliás, pode vir tanto sob a forma de uma erudição enciclopédica que abrange uma variedade de assuntos e vocábulos (anatomia, educação, astronomia, geografia, botânica, literatura etc.) como também sob a forma da paródia do linguajar pseudo-erudito.

Sabemos bem menos a respeito dos rascunhos de Rabelais, mas Ellmann em sua biografia de Joyce conta que os rascunhos e anotações que este acumulou quando escrevia o *Ulysses* somaram catorze quilos de papel[49]. Era comum que Joyce anotasse também qualquer frase que lhe interessasse, fosse ela pronunciada por sua mulher, por amigos ou por populares em bares e ruas. Sabe-se também que Joyce reutilizou esse material, além do acréscimo de ainda um maior número de anotações, para o *FW*, embora até hoje não tenha surgido um estudo que faça o levantamento dos empréstimos que emigraram do *Ulysses* para o *FW*. É possível, embora não saibamos com certeza, que Rabelais tenha também anotado, ou pelo menos ouvido com muito cuidado e reproduzido frases e expressões populares. Seu capítulo sobre a "conversa dos bêbados" ["propos des bien yvres"], em *Gargantua*, reúne expressões que sem sombra de dúvida foram ouvidas em tavernas[50].

Em pelo menos uma ocasião, Joyce fez uso de uma inserção casual, aleatória. James Atherton conta, em *The Books at the Wake*, que o então secretário de Joyce, o jovem recém-chegado de Dublin, Samuel Beckett, estava escrevendo o que Joyce lhe ditava (do *FW*), quando alguém bateu à porta e Joyce disse "come in" [entre]. Beckett, que não ouvira a batida, escreveu "come in" como se fosse parte do que Joyce lhe ditara; um pouco depois, releu a Joyce a parte até então escrita e este estranhou o "come in" ali no meio do texto, perguntando a Beckett o que era aquilo. – "É o que você ditou", respondeu Beckett. Joyce pensou por algum tempo e, percebendo que Beckett não ouvira a batida na porta, disse: – "Deixe ficar"[51].

Atherton cita a estória como exemplo da atitude de Joyce com relação à linguagem na época da criação do *FW*. Para ele, a preocupação mitopoética se tornou tão relevante que, ao mesmo tempo em que escrevia o livro, Joyce achava que estava tam-

49. Richard Ellmann, *James Joyce*, Paris, Gallimard, 1962, *passim*. Ver os capítulos referentes ao período em que Joyce escreveu o *Ulysses*.
50. *Gargantua*, pp. 16-21.
51. J. S. Atherton, *The Books at the Wake*, Carbondale (Ill.), Southern Illinois University Press, 1974, p. 15.

bém realizando um trabalho de magia e chegou a dizer que suas palavras eram "words of silent power" ["palavras de poder silencioso"] e que podia fazer o que quisesse com a linguagem, pois acreditava que de alguma forma o "espírito da linguagem estava trabalhando através dele segundo sua própria vontade"[52].

Quanto a Rabelais, depois que seus manuscritos foram descobertos, desfez-se o mito de que despejava as palavras no papel como lhe vinham à cabeça. Manuel de Diéguez escreve que "Rabelais trabalhava constantemente [...]; possuía numerosos rascunhos e os textos por ele publicados eram retrabalhados e minuciosamente acabados"[53].

Mesmo sem examinarmos os rascunhos, fica evidente a diferença de linguagem que existe entre as cartas de Rabelais a amigos, todas de uma familiar simplicidade, e a elaboração estilística que conhecemos de suas obras.

O exame das cartas de Rabelais[54] leva ainda a uma outra consideração. Por causa de sua simplicidade e clareza, as cartas constituem um exemplo da linguagem padrão da época, aquilo que podemos chamar de linguagem-instrumento, linguagem enquanto comunicação. Para os críticos que reclamam Rabelais como um autor "popular", como no caso de Bakhtin, não há como reconciliar a linguagem simples das cartas com a linguagem altamente elaborada em termos estilísticos da obra literária de Rabelais. O leitor mediano ou comum da época, poderia sem esforço entender o nível de linguagem das cartas de Rabelais, todavia seu estilo literário complexo oferecia dificuldades. Um outro fator a considerar é que o leitor comum preferia ler ou ouvir as proezas dos romances de cavalaria que eram ainda extremamente populares, como atesta a sátira de Cervantes no *Quixote*.

52. *Idem, ibidem.*
53. Diéguez, *Rabelais*, p. 112.
54. Algumas delas reproduzidas na edição da Gallimard das obras completas que estamos usando nesse livro.

A complexidade estilística, por exemplo, da expressão *âmes moutonnières* [almas carneireiras ou cordeireiras], que Rabelais escolhe em vez de escrever simplesmente *moutons* [carneiros], é apenas um exemplo dentre tantos outros dessa estilização criativa. A expressão traz ecos de platonismo em sua originalidade humorística e demonstra cuidado e prazer com a linguagem.

São poucos os autores que como Joyce e Rabelais estendem os limites da linguagem, do léxico à organização prosódica. Anthony Burgess, ao chamar a atenção para essa linha de inventividade, escreve que Joyce assim o fez porque teve à sua frente os grandes protótipos da história da literatura como Rabelais, Shakespeare, Swift e Sterne[55].

Esse uso extensivo é tão sistemático em Joyce e em Rabelais (como também, de resto, em Shakespeare) que parece querer desafiar a linearidade estrutural da linguagem oral. A todo momento essa linearidade é enfrentada, seja com os vários níveis de discurso ou de estilo. Poderíamos até falar que as palavras buscam uma certa qualidade de *relevo* que busca ultrapassar, como na ilusão de ótica, os limites das dimensões planas. Como uma pintura que, a partir de apenas dois planos físicos, explora profundidade e relevo, também a obra de tais autores busca sair de seus limites.

Como foi dito anteriormente, alguns procedimentos, como o gigantismo, ligam vários níveis discursivos dando forma e unificando alguns elementos da empresa literária de Joyce e de Rabelais. Como já foi visto, a enumeração é uma das formas assumidas pela tendência gigantificante. Outra ainda é o alongamento de palavras, frases, períodos, descrições, epítetos etc.

Stuart Gilbert, em seu roteiro do *Ulysses* – que lhe foi dado pelo próprio Joyce, aliás –, aponta o gigantismo como uma técnica preponderante no episódio doze do livro, o episódio que

55. Anthony Burgess, *Joysprick. An Introduction to the Language of James Joyce*, London, André Deutsch, 1973, p. 95.

corresponde ao ciclope-Cidadão[56]. Há nesse episódio uma isomorfia entre Polifemo (o Cidadão) e a forma narrativa, com vocábulos extensos, enumerações e enciclopedismo. Anthony Burgess também comenta o episódio e observa que

> [...] o estilo gigantesco pode englobar mentiras factuais, dicção poética amanhecida, inépcias verbais e jargões jornalísticos. Catálogos, que conduzem a um senso de amplitude e riqueza, mas também que levam a uma demonstração vazia, são essenciais ao estilo. Esses catálogos, Joyce os deve a Rabelais[57].

Stuart Gilbert vê ainda uma ligação entre gigantismo e paródia, na medida em que a técnica daquele produz a impressão de *efeitos* paródicos, pois lança mão de um "pseudo-heróico, gargantuesco, pseudocientífico ou uso antiquado do estilo"[58].

O gigantismo em Rabelais excede mais peremptoriamente o nível vocabular e estilístico e invade dimensões espaciotemporais. Gargantua ingere cinco homens junto com uma salada de alface sem perceber, mas ao mesmo tempo pode entrar na casa de amigos humanos de estatura normal; Frei Jan mata tantos inimigos na guerra contra Picrochole que faz surgir um riacho de sangue; a Abadia de Thélème depois de construída terá 40000 salas e conterá 9332 capelas; Pantagruel transporta uma colônia de Utopianos de 9876543210 homens sem contar "as mulheres e crianças"[59], e assim por diante.

Para Michael Baraz, Rabelais agiganta para nos retirar do mundo prosaico e pequeno em que vivemos. Diz ele que

> [...] no mundo criado pelo nosso pensamento prático e prosaico, as qualidades e as tendências não mais se manifestam em estado puro: quase tudo que aí se encontra é parcial ou imperfeito. Para pintar o ideal, para

56. Gilbert, *James Joyce's Ulysses*, pp. 258-277.
57. Burgess, *op. cit.*, p. 96.
58. Gilbert, *op. cit.*, p. 274.
59. *O Terceiro Livro*, p. 330.

aproximar seu objeto da perfeição própria à idéia (no sentido platônico do termo), os artistas agigantam e exageram[60].

Baraz também aponta para a habilidade de Rabelais em criar mundos diversos, microcosmos variados que, de certa forma, responderiam a essa nossa tendência simplificadora e empobrecedora com relação ao mundo em que vivemos. Para Rabelais, moscas, chouriços, fogaças, vestimentas, utensílios etc. constituem um mundo especial, que, por sua vez, institui sua própria complexidade e movimento. As lingüiças constituem um mundo onde a mostarda é um bálsamo benigno e onde os cozinheiros são inimigos. É ainda Baraz quem comenta que

> [...] esse escritor se compraz em descobrir mundos precisamente nas coisas mais anódinas: até mesmo nas representações do que usamos para limpar o traseiro, que achamos triviais em nossa existência prosaica. No capítulo XIII de *Gargantua* são examinados sessenta e três instrumentos para se limpar o traseiro, onde cada um tem a sua especificidade [...] um número absurdamente grande de domínios do real se reflete nesse microcosmo: plantas, animais, roupas, produtos manufaturados, receptáculos, utensílios cinegéticos, objetos da casa etc.[61]

O gigantismo engloba, como visto anteriormente, a deformação e, enfatizamos, com todas as suas possibilidades que vão das formas do grotesco ao enciclopedismo em todas as suas variantes (acúmulo de erudição, citações, enumerações etc.), o gigantismo se torna uma característica fundamental da sátira menipéia. Lembremos que as formas do grotesco deformam e modificam as dimensões e os limites entre as coisas do mundo real e por isso criam um estranhamento que vai do não-familiar ao sinistro.

O gigantismo também favorece a paródia, pois esta, ao exibir o modelo que imita, necessita exagerá-lo e deformá-lo.

60. Baraz, *op. cit.*, p. 9.
61. *Idem*, p. 13.

O que acontece em Rabelais e em Joyce é um uso isomórfico do gigantismo, isto é, ele ocorre tanto na forma quanto no conteúdo e por isso, ao perpassar os vários níveis da escritura, se torna um instrumento de si mesmo.

Northrop Frye considera o uso enciclopédico como sendo uma das características da sátira menipéia mas não chega a estabelecer um elo entre este e o procedimento estrutural que estamos examinando aqui. Mas o jeito com que o autor define este enciclopedismo não deixa dúvidas quanto ao caráter expansionista e gigantificador da tendência. Ele diz:

> Cuidando de temas e atitudes intelectuais [o anatomista ou satirista], mostra sua exuberância em peculiaridades intelectuais empilhando enorme massa de erudição sobre seu tema, ou soterrando seus alvos pedantescos sob uma avalanche de seu próprio palavreado [...]. A tendência a expandir-se em miscelânea enciclopédica assinala-se claramente em Rabelais [...][62].

O mesmo autor prossegue observando que

> [...] as figuras gigantescas em Rabelais, as formas saídas do sono dos gigantes amarrados ou dormentes que nos recebem em *Finnegans Wake* e no início das *Viagens de Gulliver* são expressões de uma exuberância inventiva cujo signo mais típico e óbvio é a tempestade verbal[63].

Como se vê, Frye está bem atento ao procedimento, pois o indica tanto em sua manifestação formal quanto temática, porém não chega a estabelecer o elo final entre gigantismo, grotesco e sátira menipéia.

Frye também observa a importância da exuberância verbal em termos de neologismos e distorções gigantificantes quando escreve que

62. Frye, *Anatomia da Crítica*, p. 305.
63. *Idem*, p. 232.

> [...] o tradutor de Rabelais [Urquhart of Cromarty] para o inglês produziu obras com títulos como: *Trissotetras*; *Pontochronochanon*; *Exkubalauron*; *Logopandecteion* [...]. Ninguém exceto Joyce fez em inglês moderno esforço muito prolongado para continuar essa tradição de exuberância verbal; mesmo Carlyle, desse ponto de vista, é uma triste decadência depois de Burton e Urquhart[64].

Damos aqui dois pequenos exemplos de cada autor:

Joyce: Bbbbblllllblblblblobschb [*Ulysses*, p. 537].

teetootomtotalitarian. Tea tea too too [*FW*, p. 260].

Rabelais: on, on, on, on, ouououououon [*Quarto Livro*, p. 693].

Bebe bous, bous bobous, bobous, ho, ho, ho, ho! [*Quarto Livro*, p. 595].

Jogos de palavras e hibridismo

A exuberância verbal também se manifesta sob um outro aspecto, que é o do trocadilho, ou jogo de palavras. Uma das formas de extensão da linguagem é o jogo de palavras[65]. É essencial que o trocadilho seja sumário e que, nessa capacidade, abra a potencialidade de significação para pelo menos duas possibilidades ao mesmo tempo, muitas vezes indicando ainda uma terceira.

Walton Litz relata uma conversa entre Joyce e Frank O'Connor onde este, no apartamento do primeiro, toca a moldura de um

64. *Idem, ibidem*.

65. Donald R. Kelley em "In Vico's Wake" lembra que Joyce partilhava com Vico o gosto pelo jogo de palavras ou jogo com a linguagem e comenta que "a etimologia em particular, que era o equivalente clássico da alusão (*allusio*) e portanto associada, algumas vezes conceitualmente, com *ludo* e o lúdico, tem sido uma tática dos filósofos, de Platão a Heidegger, passando por Gadamer – e um esporte favorito do *homo ludens* erudito". E cita Huizinga que escreve: "'O conceito de jogo enquanto tal é de ordem superior ao da seriedade. Pois a seriedade procura excluir o jogo enquanto que o jogo pode muito bem incluir a seriedade'" (Donald R. Kelley, "In Vico's Nake", em Donald Ph. Verene (ed.), *Vico and Joyce*, p. 139. Citação de Huizinga em *Homo Ludens*, London, R. Hull, 1949, p. 45).

quadro na parede. O'Connor pergunta a Joyce o que é aquilo e Joyce responde: *Cork*. O'Connor replica que sabe muito bem que a fotografia no quadro é Cork porque nasceu lá e reconhece sua própria cidade na Irlanda, mas quer saber qual o material da moldura do quadro e Joyce responde: *Cork* [cortiça][66].

Para Litz, o fato de que Joyce gostava da ambigüidade da palavra *Cork* demonstra seu apego a esse tipo de possibilidade lingüística, apego esse que cresceu durante a fase em que Joyce estava compondo o *Ulysses* e que acabou dominando-o completamente enquanto produzia o *Finnegans Wake*.

Anthony Burgess, examinando esse aspecto fundamental de Joyce, considera que o termo *pun* [trocadilho, jogo de palavra] já não serve mais para definir o processo verbal e labiríntico do *Finnegans Wake* e propõe a palavra *jabberwocky*, tirada do poema de Lewis Carroll[67]. Para ele, só essa palavra pode definir essa "fantástica extensão do *pun*, apropriada para pintar a matéria dos sonhos ou das alucinações que freqüentemente assumem uma visão ambígua ou multígua do material fornecido pela experiência diurna"[68]. Harry Levin considera que o jogo de palavras em Joyce é produto tanto da "música das palavras" quanto da "música das idéias" e que

> [...] quando juntamos sons e associações discordantes criamos um trocadilho. Se as associações são irrelevantes, o trocadilho é mau [...] se as associações são ricas o suficiente, vira poesia. Os elisabetanos encaravam o trocadilho como um recurso retórico legítimo. Os vitorianos o degradaram a um jogo de salão. Joyce reabilitou o trocadilho literário[69].

Rabelais também faz uso do trocadilho, por exemplo, com a famosa estória do "diamante falso" em *Pantagruel*. No anel

66. Walton Litz, *The Art of James Joyce*, London, Oxford University Press, 1961, p. 44.
67. Traduzida como "jaguadarte" por Haroldo e Augusto de Campos na versão que fizeram do poema de Lewis Carroll.
68. Burgess, *op. cit.*, p. 136.
69. Harry Levin, *James Joyce. A Critical Introduction*, New York, New Direction, 1941, p. 185.

onde se lê a inscrição *Lamah Hazabthani* está cifrada a mensagem: "Dy amant faulx, pourquoi me as-tu laissé" ["DIgAMANTE FALSO por que me abandonou"][70], ecoando também o lamento de Jesus na cruz.

Podemos dizer que o jogo de palavra, com suas associações ambíguas ou multíguas, acomoda uma situação onde a lógica é a da *inclusão* de sentido. E essa inclusão pode levar o trocadilho a gerar sentidos não-familiares, o que faz partilhar das mesmas qualidades do grotesco. O trocadilho atrai e repele ao mesmo tempo. Precisamos ter flexibilidade suficiente para aceitar a lógica de duplicidade que ele propõe, aceitando todas as associações possíveis que ele invoca. Porém, certos trocadilhos não negociam bem as dimensões e causam uma sensação de incômodo.

Pode-se ver por aí que também o trocadilho, por pertencer às zonas limítrofes, também partilha das qualidades do grotesco que procuramos enfatizar nesse livro.

No trocadilho convivem dois planos distintos, muitas vezes dois estilos distintos. Quando tais estilos misturam o baixo e o elevado, o *bathos* e o sublime, temos então aí uma modalidade do trocadilho que gera não uma fusão mas um hibridismo. Na fusão, dois elementos geram um terceiro. No hibridismo, as partes se conservam tais quais. Talvez por isso mesmo, embora sem articular a questão, Harry Levin considere o hibridismo um produto de artistas de transição – visto que estes não fazem síntese – e aponte Joyce e Rabelais como artistas híbridos por definição, onde suas ornamentações verbais têm "a grandeza da generalidade de um desenho barroco [...], um esboço simplificado numa superfície elaborada"[71].

Frye também reconhece uma capacidade híbrida em Joyce e em Rabelais, mas para ele isso se dá mais no nível da incorporação de gêneros. Para ele, Rabelais constrói um híbrido entre sátira menipéia ou anatomia e estória romanesca e Joyce utili-

70. *Pantagruel*, p. 271.
71. Levin, *op. cit.*, p. 219.

za, como já observamos em outro lugar, quatro gêneros distintos em um: romance, confissão, anatomia e estória romanesca[72].

Como foi apontado em outro lugar, é o aproveitamento de *todo e qualquer* material de linguagem existente que pode ser o calcanhar-de-aquiles do *Ulysses*[73]. Por outro lado, pode-se igualmente argumentar que esse aproveitamento decorre de uma *posição de escritura* e não de uma falha de elaboração, visto que a obra não é apenas um romance.

72. Frye, *Anatomy of Criticism*, *op. cit.*, p. 313.
73. Veja-se a crítica nesse sentido feita por S. L. Goldberg, *op. cit.*, *passim*.

Nota Conclusiva

Se colocarmos em perspectiva prismática os momentos examinados nestes ensaios, surgirão, esperamos, pontos de encaixe, visto que estamos lidando com uma macroestrutura, a sátira menipéia ou anatomia, que para existir necessita da articulação constante da ironia e da paródia bem como da colaboração de estruturas menores que contribuem para a organização orgânica do todo.

Como vimos, o gigantismo é uma dessas microestruturas, viajando do nível vocabular ao sintático (enumerações, citações), dilatando-se mais e mais com a aquisição de línguas e dialetos, estilos e técnicas. Ao mesmo tempo, o gigantismo passa do mundo das palavras, da sintaxe e da linguagem ao mundo das imagens e cria os gigantes que povoam a obra de Joyce e de Rabelais. Daí, passam ao nível simbólico, transformando-se em metáfora da universalidade humana ou em espelho deformado de um mundo grotesco e do avesso e acabam no mito, representando os ciclos da vida e do tempo.

No caso da sátira menipéia, podemos arriscar a hipótese de que, pelo fato mesmo de ser esse tipo de sátira uma forma fragmentária e de fraca interligação narrativa, são essas microestruturas, por assim dizer, que dão forma e organização ao gênero, unindo os vários níveis dentro de uma certa consistência.

Estamos tentados a ver nesse procedimento uma forma de

estrutura analógica que possibilita a diversidade quase infinita que pode ocorrer nesse gênero de sátira, sem que o gênero caia na entropia e no caos. Assim, há como que uma transmigração desses procedimentos microestruturais em macroestruturais e, por ser assim, o gênero conserva sua flexibilidade.

É por causa dessa flexibilidade que é possível estabelecer um diálogo entre Rabelais e Joyce. A respeito da tradição da sátira menipéia, como bem lembra Eliot, tradição não implica seguir os modos das gerações anteriores. A tradição envolve um senso histórico que é a percepção não apenas da qualidade de passado do passado [*pastness of past*], mas sua presença. O senso histórico compele o ser humano a escrever não apenas com a sua própria geração encarnada mas com um sentimento de que "a totalidade da literatura da Europa de Homero em diante, e dentro disso, a totalidade da literatura de seu país tem uma existência simultânea e compõe uma ordem simultânea"[1].

A apreciação estética de um artista deve ser conduzida de modo a compará-lo ou contrastá-lo com os que vieram antes dele: "o que acontece quando uma nova obra de arte é criada é algo que acontece simultaneamente a todas as obras de arte que a precederam"[2]. O mesmo diz Borges em seu conhecido ensaio sobre Kafka, quando escreve que "cada escritor cria seus próprios precursores. [...] O poema 'Fears and Scruples' de Browning profetiza a obra de Kafka, mas nossa leitura de Kafka afina e desvia sensivelmente nossa leitura do poema. Browning não o lia"[3].

Com estes ensaios, acreditamos ter conseguido argumentar que a tradição da sátira menipéia ilumina muitos aspectos da obra de Rabelais e Joyce, e preferimos tê-lo feito a partir de elementos mais recônditos, mas nem por isso menos importantes. Muito pelo contrário, foi a constatação de que tais elementos foram articulados tanto por um como por outro autor, em dois

1. T. S. Eliot, "Tradition and the Individual Talent", *Selected Prose*, p. 38.
2. *Idem, ibidem.*
3. J. L. Borges, *op. cit.*, p. 711.

momentos históricos distintos, que instigou nossa curiosidade e pesquisa.

Embora o grotesco, como já escrevemos anteriormente, não tenha sido apontado como característica fundamental da sátira menipéia, só podemos confirmar sua forte presença dentro dessa mesma tradição, e ao detectar suas variantes, como o fizemos, acreditamos ter argumentado em favor de sua presença essencial. O fato de que autores distanciados no tempo como Rabelais e Joyce tenham feito uso de variantes similares do elemento grotesco só torna a questão mais premente e mais interessante. Poderíamos confirmar também tais casos com outros autores que escreveram na tradição? Sem mesmo nos determos detalhadamente, podemos ver que a obra de Cyrano de Bergerac, Swift, Sterne, Voltaire também oferecem elementos grotescos similares, mas essa discussão será deixada para uma futura investigação.

Outro ponto que ressaltamos é a conexão com os ciclos naturais e com o tempo circular, como se a sátira menipéia, tal como manifestada nesses dois autores, usasse o recurso da ciclicidade como forma de pensar e representar o tempo mítico. Também esse caráter merece ser posto à prova em outros seguidores do gênero. Pelo menos no que diz respeito à ciclicidade da viagem, os exemplos de Swift e de Voltaire são evidentes, assim como o caso de Cyrano de Bergerac. Também em *Tristram Shandy* o ciclo que vai da geração ao nascimento do herói é circular, ou em *Memórias Póstumas de Brás Cubas*, onde só depois da morte do herói se dá a narrativa de seu nascimento, sem esquecer o *Macunaíma* de Mário de Andrade, onde o elemento cíclico e mítico da viagem e transformação é fundamental para a narrativa.

Também nesse caso, uma investigação posterior convida-nos a levar adiante, em outra ocasião, estas hipóteses.

Bibliografia

ADAMS, Percy G. *Travelers and Travel Liars: 1660-1800*. Berkeley, University California Press, 1962.

ADAMS, Robert M. *Surface and Symbol – The Consistency of James Joyce's Ulysses*. New York, Oxford University Press, 1962.

ALLEN, Walter. *The English Novel*. London, Pelikan Books, 1976.

ALMANSI, Guido. *La Ragion Comica*. Milano, Feltrinelli, 1986.

ANDRADE, Oswald de. *Trechos Escolhidos*. Rio de Janeiro, Agir, 1967.

APULEIO. *O Burro de Ouro*. Lisboa, Estampa, 1978.

ASSIS, J. M. Machado de. *Memórias Póstumas de Brás Cubas*. São Paulo, W. M. Jackson, 1957.

ATHERTON, J. *The Books at the Wake. A Study of Literary Allusions in James Joyce's Finnegans Wake*. Carbondale, Southern University of Illinois, 1974.

________. "Lewis Carroll and *Finnegans Wake*", *English Studies*, vol. XXXIII.

AUERBACH, Erich. *Mímesis*. São Paulo, Perspectiva, 1976.

BAKHTINE, Mikhail. *La Poétique de Dostoïevski*. Paris, Seuil, 1970.

________. *L'Oeuvre de François Rabelais et la Culture Populaire au Moyen Age et sous la Renaissance*. Paris, Gallimard, 1970.

BAUDELAIRE, Charles. *Correspondance*. Ed. Claude Pichois e Jean Ziegler. Paris, Gallimard, 1973.

BARAZ, Michael. *Rabelais et la Joie de la Liberté*. Paris, José Corti, 1983.

BERRONG, Richard M. *Rabelais and Bakhtin: Popular Culture in Gargantua and Pantagruel*. Lincoln, University of Nebraska Press, 1986.

BERRY, Alice Fiole. *The Charm of Catastrophe. A Study of Rabelais's Quart Livre*. Chapel Hill, University of North Carolina Press, 2000.

BÍBLIA SAGRADA. Rio de Janeiro, Barsa, 1967.

BLOOM, Harold. *The Western Canon*. New York, Riverhead Books, 1994.
BOLDEREFF, F. *Reading Finnegans Wake*. USA. Barnes and Noble, 1959.
BOLDRINI, Lucia. *Joyce, Dante and the Poetics of Literary Relations*. Cambridge, Cambridge University Press, 2001.
BOOTH, Wayne C. *A Rhetoric of Irony*. USA, The University of Chicago Press, 1974.
BORGES, Jorge Luis. "Kafka y Sus Precursores". *Otras Inquisiciones* (*Obras Completas*). Buenos Aires, Emecé, 1974.
BOUET, Pierre (ed. et trad.). *Le Fantastique dans la Littérature du Moyen Âge: Navigation de Saint Brendan*. Caen, Centre d'Études et Recherches pour l'Antiquité, 1986.
BOWEN, Barbara C. *Enter Rabelais, Laughing*. Nashville & London, Vanderbilt University Press, 1998.
BRÉHIER, Émile. *Histoire de la Philosophie*. Paris, PUF, 1983, vol. 1.
BRUNO, Giordano. *Sobre o Infinito, o Universo e os Mundos*. São Paulo, Abril, 1978 (Col. Os Pensadores).
BUDGEN, Frank. *James Joyce and the Making of Ulysses*. USA, Indiana University Press, 1960.
BURGESS, Anthony. *Joysprick: An Introduction to the Language of James Joyce*. London, André Deutsch, 1973.
CAMPBELL, J. & ROBINSON, H. M. *A Skeleton Key to Finnegans Wake*. New York, Viking Compass, 1975.
CAMPOS, Haroldo de. *Deus e o Diabo no Fausto de Goethe*. São Paulo, Perspectiva, 1987.
CAMPOS, Haroldo de & CAMPOS, Augusto de. *Panaroma do Finnegans Wake*. São Paulo, Perspectiva, 1973.
CASSIRER, Ernst. *Language and Myth*. New York, Dover, 1953.
CLARK, Kenneth. *Civilização*. Rio de Janeiro, Martins Fontes/UnB, 1980.
COLEMAN, Dorothy G. *Rabelais: A Critical Study in Prose Fiction*. London, Cambridge Press, 1971.
COLUM, Mary & COLUM, Padraic. *Our Friend James Joyce*. Gloucester (Mass.), Peter Smith, 1968.
CURRAN, Constantine. *James Joyce Remembered*. London, Oxford University Press, 1958.
DE BRUYNE, E. *Études d'Esthétique Médiévals*. Bruges, De Tempel, 1946.
DEMERSON, Guy. *L'Esthétique de Rabelais*. Paris, Sedes, 1996.
DIÉGUEZ, Manuel de. *Rabelais*. Paris, Seuil, 1960.
DUNCAN, Douglas. *Ben Jonson and the Lucianic Tradition*. Cambridge, Cambridge University Press, 1979.
DUVAL, Edwin M. (ed.). "The Design of Rabelais's *Tiers Livre de Panurge ou Panurge*". *Études Rabelaisiennes*, tomo XXXIV, apêndices I e II. Travaux d'Humanisme et Renaissance, n. CCCXVI. Genève, Droz, 1997.

ECO, Umberto. *L'Oeuvre Ouverte*. Paris, Seuil, 1962.

ELIADE, Mircea. *Le Sacré et le Profane*. Paris, Gallimard, 1965.

________. *O Mito do Eterno Retorno*. Lisboa, Edições 70, 1985.

ELIOT, T. S. "Ulysses, Order and Myth". *Selected Prose*. London, Faber, 1980.

________. "Philip Massinger". *The Sacred Wood and Major Early Essays*. New York, Dover, 1998.

ELLMAN, Richard. *James Joyce*. Paris, Gallimard, 1962.

________. *Ulysses on the Liffey*. London, Faber and Faber, 1984.

________. *James Joyce*. Oxford, Oxford University Press, 1983.

FEBVRE, Lucien. *Le Problème de l'Incroyance au 16ème siècle. La Réligion de Rabelais*. Paris, Albin Michel, 1968.

FERRONI, Giulio. *Il Comico nells Teorie Contemporanee*. Roma, Bulzoni, 1974.

FRAZER, J. G. *The Golden Bough*. New York, Macmillan, 1926.

FRYE, Northrop. *Anatomy of Criticism*. New Jersey, Princeton University Press, 1990.

________. *Anatomia da Crítica*. São Paulo, Cultrix, 1973.

________. *O Caminho Crítico*. São Paulo, Perspectiva, 1973.

________. "Cycle and Apocalypse in *Finnegans Wake*". *In:* VERENE, Donald Ph. (ed.). *Vico and Joyce*. New York, State University of New York Press, 1987.

GIBSON, Walter S. *Bruegel*. London, Thames & Hudson, 1995.

GILBERT, Stuart. *James Joyce's Ulysses*. New York, Vintage, 1958.

GLAUSER, Alfred. *Rabelais Créateur*. Paris, A. G. Nizet, 1964.

GOLDBERG, S. L. *Che Cosa ha Veramente detto Joyce*. Roma, Casa Astrolabio-Ubaldini Ed., 1970.

________. *The Classical Temper: A Study of James Joyce's Ulysses*. London, Chatto & Windus, 1961.

GOMBRICH, E. H. *História da Arte*. São Paulo, Zahar, 1985.

________. *Art and Illusion: A Study in the Psychology of Pictorial Representation*. London, Phaidon, 1960.

________. *The Sense of Order: A Study in the Psychology of Decorative Art*. London, Phaidon, 1994.

GRAY, Floyd. *Rabelais et l'Écriture*. Paris, A. G. Nizet, 1974.

GRIFFIN, Dustin. *Satire. A Critical Reintroduction*. Lexington, Kentucky University Press, 1994.

GROSS, John. *Joyce*. Britain, Fontana, 1971.

HAYMAN, David. *The "Wake" in Transit*. Ithaca and London, Cornell University Press, 1990.

HEIDEGGER, Martin. *Qu'Appelle-t-on Penser?* Paris, PUF, 1983.

HERMES TRISMEGISTOS, *Corpus Hermeticum*. In: *Encyc. Brit.* 11th ed., vol. XIII, art. "Hermes Trismegistus".

HOLANDA, Sérgio Buarque de. *Visão do Paraíso*. Rio de Janeiro, José Olympio, 1959.
HOLQUIST, Michael & CLARK, Katerina. *Mikhail Bakhtin*. New Haven, Yale University Press, 1984.
HUGO, Victor. "Préface". *Preface de Cromwell*. Paris, Larousse, 1971.
HUGUES, Peter. "From Allusion to Implosion". *In:* VERENE, Donald Ph. (ed.). *Vico and Joyce*. New York, State University of New York Press, 1978.
HUIZINGA, Johan. *O Declínio da Idade Média*. Lisboa, Ulisséia, s.d.
HUTCHEON, Linda. *A Theory of Parody*. London, Methuen, 1985.
JACQUET, Claude. *Joyce et Rabelais: Aspects de la Création Verbale dans Finnegans Wake*. Paris, Didier, 1972 (Col. Études Anglaises).
JACQUET, Claude (org.). *Genèse de Babel – Joyce et la Création*. Paris, C.N.R.S., 1985.
JANSON, H. W. *História da Arte*. Lisboa, Fundação Calouste Gulbenkian, 1977.
JEANNERET, Michel. "Les Paroles Dégelées". *Littérature*, n. 17, 1975.
JOURDA, Pierre. "Introduction". *In:* RABELAIS, F. *Oeuvres Complètes*. Paris, Garnier, 1962, 2 tomes.
JOYCE, James. *Ulysses*. New York, Random House, 1946.
________. *Ulysses – The Corrected Text*. London, Penguin, 1986.
________. *Finnegans Wake*. London, Faber, 1971.
________. *Scritti Italiani*. Milano, Arnoldo Mondadori, 1979.
________. *A Portrait of the Artist as a Young Man*. London, Penguin, 1972.
________. *Dubliners*. London, Penguin, 1973.
________. *Stephen Hero*. London, Granada, 1977.
________. *Giacomo Joyce*. London, Faber and Faber, 1984.
________. *Finicius Revém/Finnegans Wake*. Edição bilíngüe de Donaldo Schüller. São Paulo, Ateliê Editorial, 2000, 5 vols.
KAIN, Richard M. *Fabulous Voyager: James Joyce's Ulysses*. Chicago, Chicago Press, 1947.
KANT, Emmanuel. *Idéia de uma História Universal de um Ponto de Vista Cosmopolita*. São Paulo, Brasiliense, 1986.
KAPLAN, Carter. *Critical Synoptics. Menippean Satire and the Analysis of Intelectual Mythology*. Madison, Farleigh Dickinson University Press, 2000.
KAYSER, Wolfgang. *O Grotesco*. São Paulo, Perspectiva, 1986.
KELLEY, Donald R. "In Vico's Wake". *In:* VERENE, Donald Ph. (ed.). *Vico and Joyce*. New York, State University of New York Press, 1987.
KENNER, Hugh. *Joyce's Voices*. London, Faber and Faber, 1978.
KERMODE, Frank. *An Appetite for Poetry*. Cambridge, Harvard University

Press, 1989. [Ed. bras. *Um Apetite pela Poesia: Ensaio de Interpretação Literária*. São Paulo, Edusp, 1993].

KNIVET, Anthony. *Un Aventurier Anglais au Brésil. Les Tribulations d'Anthony Knivet (1591)*. Paris, Chandeigne, 2003.

KNOWLTON, Eloise. *Joyce, Joyceans and the Rethoric of Citations*. Gainesville, University Press of Florida, 1998.

KRAILSHEIMER, A. J. *Rabelais and the Franciscans*. Oxford, Clarendon Press, 1963.

LEVI, Eliphas. *Dogma e Ritual de Alta Magia*. São Paulo, Pensamento, 1973.

________. *Cruz de Caravaca*. São Paulo, Pensamento, 1912.

LEVIN, Harry. *James Joyce: A Critical Introduction*. New York, New Direction, 1941.

LITZ, Walton. *James Joyce*. Firenze, Il Castoro, 1980.

________. *The Art of James Joyce*. London, Oxford University Press, 1961.

LUCIANO. *Racconti Fantastici*. Itália, Garzanti Editori, 1984.

MACCABE, Colin. *James Joyce and the Revolution of the Word*. London, Macmillan, 1983.

MADDOX, Brenda. *Nora: The Real Life of Molly Bloom*. Boston, Houghton Mifflin, 1988.

MIELIETINSKI, E. M. *A Poética do Mito*. Rio de Janeiro, Forense Universitária, 1987.

MUECKE, D. C. *Irony and the Ironic*. London, Methuen and Co., 1986.

MUNZ, Peter. "James Joyce Myth-Maker at the End of Time". *In:* VERENE, Donald Ph. (ed.). *Vico and Joyce*. New York, State University of New York Press, 1987.

NERVAL, Gerard de. *Aurélia*. Paris, Poche, s.d.

OLIVER, Elide Valarini. "*For What Have You Called Me?* Some Observations on the Treatment of Individual Consciousness and Darwinisticism in Machado de Assis". Oxford, University of Oxford, 2003.

QUINET, Edgar. "Introduction à la philosophie de l'histoire de l'humanité". *Œuvres Complètes*. Paris, Pagnerre, 1857, vol. II.

PARIS, Jean. *Rabelais au Futur*. Paris, Seuil, 1970.

POUND, Ezra. *ABC da Literatura*. São Paulo, Cultrix, 1973.

RABELAIS, François. *Gargantua. Oeuvres Complètes*. Paris, Pléiade, 1955.

RAWSON, C. *Gulliver and the Gentle Reader*. London, Routledge & Kegan Paul, 1973.

REYNOLDS, Mary T. "The City in Vico, Dante and Joyce". *In:* VERENE, Donald Philip (ed.). *Vico and Joyce*. New York, State University Press, 1987.

RICHARDS, I. A. *Princípios de Crítica Literária*. Porto Alegre, Globo/ Edusp, 1967.

RICHER, Jean. *Aspects Ésotériques de l'Oeuvre Littéraire*. Paris, Dervy, 1980.

RICOEUR, Paul. *Temps et Récit*. Vol. III: *La Configuration dans le Récit de Ficction*. Paris, Seuil, 1984.

________. *Du Texte à l'Action – Essais d'Herméneutique, II*. Paris, Seuil, 1986.

ROCHEFORT-GUILLOUET, Sophie (ed.). *Analyses et Réflexions sur Rabelais*. Paris, Ellipses, 2003.

RYAN, John (ed.). *A Bash in the Tunnel – James Joyce by the Irish*. London, Clifton Books, 1970.

SAINÉAN, Lazare. *L'Influence et la Réputation de Rabelais*. Paris, Lib. Univ. J. Gambier, 1930, 2 vols.

________. *La Langue de Rabelais*. Paris, E. de Boccard, 1922. 2 vols.

SÊNECA. *Divi Claudi Apocolocyntosis / L'Apocoloquintose du Divin Claude*. Paris, Belles Lettres, s.d.

SCHLEGEL, Friedrich. "On Incomprehensibility". *In:* SIMPSON, David (ed.). *Origins of Modern Critical Thought*. Cambridge, Cambridge University Press, 1988.

SCHLOSS, Carol Loeb. *Lucia Joyce: To Dance in the Wake*. New York, Farrar, Straus and Giroux, 2004.

SPITZER, Leo. *Études de Style*. Paris, Gallimard, 1970.

SPOO, Robert. *James Joyce and the Language of History*. Oxford, Oxford University Press, 1994.

STEPHENS, Walter. *Giants in Those Days*. Lincoln and London, University of Nebraska Press, 1989.

STERNE, Lawrence. *The Life and Opinions of Tristan Shandy*. London, Penguin, 1983.

SWEDENBORG, Emmanuel. *Du Ciel et de ses Merveilles et de l'Enfer*. Paris, J. O. Moët, 1819.

SWIFT, Jonathan. *The Viking Portable Library*. New York, Viking Press, 1975.

________. *Gulliver's Travels*. Oxford, Oxford University Press, 2005.

TERRA, Ricardo. "Algumas Questões sobre a Filosofia da História de Kant". *In:* KANT, Emmanuel. *Idéia de uma História Universal de um Ponto de Vista Cosmopolita*. São Paulo, Brasiliense, 1986.

UNDERNILL, E. *Mysticism*. New York, E. P. Dutton, 1961.

VICO, Giambettista. *Princípios de (Uma) Ciência Nova*. São Paulo, Abril, 1974 (Col. Os Pensadores).

VV. AA. *História Mundial da Arte*. São Paulo, Difel, 1975.

YATES, Frances A. *Giordano Bruno e a Tradição Hermética*. São Paulo, Cultrix, 1988.

WAITE, Arthur E. (ed.). *The Hermetic Museum*. London, 1893, vol. II.

WEINBROT, Howard D. *Menippean Satire Reconsidered. From Antiquity*

to the Eighteenth Century. Baltimore, The Johns Hopkins University Press, 2006.
WILSON, Edmund. *O Castelo de Axel*. São Paulo, Cultrix, 1985.
ZEGURA, Elizabeth Chesney (ed.). *The Rabelais Encyclopedia*. Westport, Connecticut, Greenwood Press, 2004.

Periódicos

JEANNERET, Michel. "Les Paroles Dégelées, Rabelais, 'Quart Livre'". *Littérature*, n. 17, Larousse, fev. 1975.
________. "Ambivalence, Antithése et Ambiguité". *Littérature*, n. 55, Larousse, out. 1984.
Littérature, n. 2, Paris, Larousse, 1971.
________. n. 17, Paris, Larousse, 1975.
________. n. 41, Paris, Larousse, 1981.
________. n. 55, Paris, Larousse, 1984.
LENTRICCHIA. *Língua Franca*, set./out. 1996.
WILLEMART, Philippe. "Um Ladrão de Si Mesmo". *Folhetim*. Suplemento do jornal *Folha de S. Paulo*, 14 nov. 1986 – [B-5].

Coleção Estudos Literários

1. *Clarice Lispector. Uma Poética do Olhar*
   Regina Lúcia Pontieri
2. *A Caminho do Encontro. Uma Leitura de* Contos Novos
   Ivone Daré Rabello
3. *Romance de Formação em Perspectiva Histórica.* O Tambor de Lata *de G. Grass*
   Marcus Vinicius Mazzari
4. *Roteiro para um Narrador. Uma Leitura dos Contos de Rubem Fonseca*
   Ariovaldo José Vidal
5. *Proust, Poeta e Psicanalista*
   Philippe Willemart
6. *Bovarismo e Romance:* Madame Bovary *e* Lady Oracle
   Andrea Saad Hossne
7. *O Poema: Leitores e Leituras*
   Viviana Bosi et al. (orgs.)
8. *A Coreografia do Desejo. Cem Anos de Ficção Brasileira*
   Maria Angélica Guimarães Lopes
9. Serafim Ponte Grande *e as Dificuldades da Crítica Literária*
   Pascoal Farinaccio
10. *Ficções: Leitores e Leituras*
    Viviana Bosi et al. (orgs.)
11. *Samuel Beckett: O Silêncio Possível*
    Fábio de Souza Andrade
12. *A Educação Sentimental em Proust*
    Philippe Willemart
13. *João Guimarães Rosa e a Saudade*
    Susana Kampff Lages

14. *A Jornada e a Clausura*
Raquel de Almeida Prado
15. *De Vôos e Ilhas. Literatura e Comunitarismos*
Benjamin Abdala Junior
16. *A Ficção da Escrita*
Claudia Amigo Pino
17. *Portos Flutuantes. Trânsitos Ibero-afro-americanos*
Benjamin Abdala Junior et al. (orgs.)
18. *Percursos pela África e por Macau*
Benilde Justo Caniato
19. *O Leitor Segundo G. H.*
Emília Amaral
20. *Angola e Moçambique. Experiência Colonial e Territórios Literários*
Rita Chaves
21. *Milton Hatoum: Itinerário para um certo Relato*
Marleine Paula Marcondes e Ferreira de Toledo
22. *Mito e Poética na Literatura Contemporânea. Um Estudo sobre José Saramago*
Vera Bastazin
23. *Estados da Crítica*
Alcides Cardoso dos Santos (org.)
24. *Os Anos de Exílio do Jovem Mallarmé*
Joaquim Brasil Fontes
25. *Rabelais e Joyce: Três Leituras Menipéias*
Élide Valarini Oliver